Rose Marie Donhauser

# Chili, Peperoni & Co.

# Inhalt

# Tips zu den Rezepten

### Die Portionsangaben
Sofern nicht anders angegeben, sind alle Rezepte für 4 Personen berechnet.

### Die Zubereitungszeiten
Sie beinhalten sowohl die Vorbereitungszeit als auch die Gar- und Backzeit. Eventuelle Sonderzeiten, z. B. für das Gehen, Quellen oder Ruhen, sind gesondert aufgeführt.

### Die Kalorienangaben
Sie beziehen sich in der Regel auf 1 Portion bzw. 1 Stück (z. B. bei Kuchen und Gebäck).

### Die Backofentemperaturen
Sie beziehen sich auf einen Elektroofen mit Ober- und Unterhitze. Wenn Sie mit Umluft arbeiten, reduzieren Sie die Temperaturen um 20 %. Die Backzeit bleibt dann in etwa gleich.

### Die Zutatenmengen
Sie beziehen sich auf die ungeputzte Roh-ware. Sind Stückzahlen angegeben, wird von einem Stück mittlerer Größe ausgegangen.

### Die Abkürzungen

| TL | = Teelöffel | TK-… | = Tiefkühl-… |
|----|-------------|------|--------------|
| EL | = Eßlöffel | kcal | = Kilokalorien |
| Msp. | = Messer- | Min. | = Minute(n) |
| | spitze | Std. | = Stunde(n) |

# Chili, Peperoni & Co. – ein kleiner Überblick

## Eine Pflanze mit Geschichte

Schon in frühester Zeit bereicherten die Menschen ihre Nahrung mit Gewürzen, um ihrem Gaumen zu schmeicheln. Als Nebeneffekt erschlossen sie sich damit auch eine weitere Vitaminquelle. Zu den beliebtesten und am weitesten verbreiteten Gewürzzutaten gehören die Beeren der Chilipflanze, deren verschiedene Sorten weltweite Berühmtheit erlangt haben – die Lust auf scharfe Chiligenüsse ist international. Weltweit gibt es köstliche Rezepte, die von mild-scharf bis höllisch-scharf reichen können. Auch für Ihren Geschmack wird in dieser Sammlung von Rezepten bestimmt das Passende dabei sein.

## Von Amerika nach Europa

Ausgrabungen von wilden Chilipfeffersorten lassen darauf schließen, daß die Karriere der wilden Chilischote wahrscheinlich bereits vor 7000 Jahren in Mexiko begann. Relativ bald wurde die Gewürzpflanze dann in Mittel- und Südamerika systematisch angebaut – in Peru etwa schon um 2000 v. Chr. Doch bis die Chilischote nach Europa gelangte, vergingen noch einige Jahrtausende. Vor allem spanische und portugiesische Seefahrer verbreiteten die „scharfe Ware" ab dem 14. Jahrhundert weltweit. Heute wird Chili auf allen Kontinenten angebaut.
In Europa ist Ungarn zum Paprikaland erkoren worden, was sich auf jahrhundertealte historische Zusammenhänge zurückführen läßt. Durch den weltweiten Gewürzhandel gelangten die Chilischoten per Schiff von Mittel- und Südamerika über den Handelshafen Venedig nach Indien und China. Die Türken fanden bei ihren Kriegszügen und der Eroberung um 1513 n. Chr. in Hormuz am Persischen Golf riesige Anbaugebiete für Chilischoten vor. Die türkische Vergangenheit Ungarns bis zum endgültigen Abzug der Türken im Jahre 1699 erklärt das Heimischwerden der südamerikanischen Pflanze in ganz Ungarn.

## Von Formen und Sorten

Allein in ihrem Ursprungsland Mexiko werden über 100 verschiedene Chilisorten angebaut. Chilianfänger sollten sich bei der Auswahl zuerst am Schärfegrad orientieren, denn die unterschiedlichen Größen, Formen, Namen und Farben stiften doch große Verwirrung.

## Scharf, schärfer, Chili

Die in Süd- und Mittelamerika heimische Pflanze Capsicum frutescens besitzt unter den Gewürzpflanzen den höchsten Schärfegrad. Sie wächst in aufrecht stehenden Büschen und bringt leuchtend-rote, spitzkegelige (Chili-)Beeren hervor. Diese im rohen Zustand brennend schmeckenden Beeren finden in vielfältigsten Zubereitungsformen Verwendung. Ursprünglich waren

## Grün, gelb oder rot?

sie nur etwa 1,5–3 cm groß, doch durch Auslese und Kreuzungen sind verschiedenste Formen und Sorten entstanden.
Die heute gezüchteten Chilis können bis zu 15 cm groß werden und sind als runde, ovale, kegelförmige oder kirschgroße Schoten im Handel erhältlich. Ihre Schärfe stammt von dem Inhaltsstoff Capsaicin, dessen Gehalt in der Beere etwa 0,6–0,9 % beträgt. Im Vergleich dazu enthält der Gewürzpaprika nur halb so viel Capsaicin.

Ursprünglich gaben die Farben der Chili-beeren Auskunft über ihren Reifezustand, denn Chilischoten verändern während des Wachstums kontinuierlich ihre Farbe. Generell sind sie in jedem Reifegrad erntefähig. Grüner Chili ist noch unreif, im Stadium kurz danach wird er gelb bis orangefarben. Normalerweise erntet man die Beeren, wenn sie rot sind. Bei überfälliger Ernte werden sie braun bis fast schwarz. Neue Züchtungen haben jedoch den Farbkatalog der Chilischoten erheblich erweitert. Dies hat zur Folge, daß sich der Verbraucher nicht mehr nur nach den bislang üblichen Farbeinteilungen richten kann.

1  Rote, grüne, gelbe Chilischoten
2  Kleine, rote Chilischoten (Cayenneschoten)
3  Jalapeño-Chilischoten (eingelegt)
4  Vogelaugenchilis

# Über 100 Sorten

Bisweilen kann es sich in unseren Breiten als schwierig erweisen, bestimmte Chilisorten besorgen zu wollen. In gut sortierten Supermärkten oder Lebensmittelabteilungen von Kaufhäusern bekommt man kleine rote und grüne Chilischoten, in asiatischen, griechischen oder türkischen Geschäften wird zumeist eine etwas größere Auswahl an verschiedenen, frischen Chilisorten angeboten, die jedoch in den seltensten Fällen einheitlich benannt werden. Ihre verschiedenen Bezeichnungen können große Verwirrung stiften: Sie reichen von Paprika, Peperoni und Sambal über Kirschpaprika, Chili, Cayenne, Pimienta bis hin zu Cayennepfeffer. Am besten kaufen Sie die Chilischoten, die Ihnen schmecken – der korrekte Name der Schoten kann Ihnen letztendlich ja egal sein. Sie können sich jedoch auch als Hobbygärtner bewähren und die pflegeleichten Pflanzen im Blumentopf ziehen. Besorgen Sie sich Chilipflanzen entweder in Fachgeschäften, oder säen Sie die Samen Ihrer (Lieblings-) Chilis aus. Diese Möglichkeit sollten Sie in Betracht ziehen, wenn Sie ein eingefleischter Chilifan sind.

# Der kleine Unterschied

Chilis stehen in dem Ruf, heimtückisch zu sein: Erst der Biß, dann das Schlucken und zuletzt das scharfe Erwachen.
Halten Sie sich am besten an folgende Faustregel: Je kleiner die Chilischote, um so schärfer, je größer die Chilischote, um so milder ist sie. Beachten Sie jedoch, daß diese Regel bei den neuen Züchtungen bisweilen ihre Gültigkeit verloren hat. Wenn Sie Chilischoten ver-

arbeiten, müssen Sie den Schärfegrad meist durch Ausprobieren herausfinden. Stellen Sie sich vorsichtshalber Zucker bereit, damit Sie „höllische" Bissen gleich lindern können.

# Vorsichtiger Umgang mit der Schärfe

Der schärfegebende Wirkstoff Capsaicin ist überwiegend in den Kernen, in den Trennwänden und im Chiliöl der Chilischoten enthalten. Je nach gewünschtem Schärfegrad können Sie die Chilischoten entkernt verzehren, aber auch mit den Kernen verwenden. Beim Zubereiten der Schoten sollten Sie immer Vorsicht walten lassen, denn sobald Sie die Schoten aufschneiden und mit dem Capsaicin in Berührung kommen, kann der Wirkstoff höllisch auf der Haut brennen. Vor dieser unerwünschten Nebenwirkung schützen Sie sich am besten, indem Sie beim Verarbeiten der Schoten Haushaltshandschuhe anziehen.

# Gesund mit Chilis

Im allgemeinen werden Chilischoten vorwiegend wegen ihrer hohen Würzfähigkeit und ihres scharfen Geschmacks gegessen. Chilischoten sind jedoch nicht nur schmackhaft, sondern auch äußerst gesund.
So besitzen die Schoten einen hohen Gehalt an den Vitaminen A, B und C und verfügen über eine Anzahl weiterer gesunder Eigenschaften. Chilischoten sind „sanfte Medizin", denn sie wirken:
**1.** appetitanregend und -fördernd
**2.** desinfizierend
**3.** schmerzlindernd

# Glauben Sie auch alles?

Vor Jahren aß ich in Thailand viele unterschiedliche Chiligerichte und sinnierte dabei über der Frage, warum die Thailänder denn alles so scharf würzen. Zum Teil sind die Gerichte so chiliwürzig, daß sie (für uns Europaer) undefinierbar werden. Also fragte ich einen Koch, der mir eine verblüffend einfache Antwort gab. Demzufolge gab es in ärmeren und härteren Zeiten wenig Fleisch und viel Reis. Damit das Verhältnis nicht allzu sehr auffiel, wurde das Fleisch so scharf gewürzt, daß man zehnmal mehr Reis verzehren mußte, um die Geschmacksnerven nach jedem Bissen Fleisch wieder zu beruhigen …
Außerdem sei die Chilischärfe gesund für die Verdauung …

# Die Feuerwehr muß her

Bestimmt ist es Ihnen auch schon passiert, daß Sie ein Gericht hinsichtlich der Schärfe vollständig unterschätzt haben oder im Restaurant einfach nicht wußten, welcher

Schärfegrad auf Sie zukommt: Brennen auf der Zunge, Tränen in den Augen und ein Gefühl der Hilflosigkeit waren die Folge. So ist man in Zukunft vorsichtiger beim Schärfen. Die meisten scharfen Erfahrungen werden indes gar nicht in der mexikanischen, sondern in der asiatischen Küche gemacht – besonders indische oder thailändische Gerichte haben es in sich.

# Tips zum Entschärfen

Im „Schärfe"-Notfall können Sie immer auf folgende Erste-Hilfe-Regeln zurückgreifen:
**1.** Trinken Sie Wasser, auch wenn es die Schärfe nur lindert, jedoch nicht neutralisiert.
**2.** Sollte Ihnen in einem indischen Restaurant die Luft ausgehen, dann bestellen Sie sich sofort das Getränk Lassi, eine Mischung aus Eiswasser und Joghurt. Das Eiswasser lindert die Schärfe, und der Joghurt saugt sie auf.
**3.** Auch Zucker saugt die Schärfe auf. Sobald Ihnen die Zunge brennt, sollten Sie einen Löffel braunen oder weißen Zucker auf der Zunge zergehen lassen.
**4.** Exzellente Brandlöscher sind zudem Vollmilchjoghurt oder eiskalte Milch. Behalten Sie dabei den Joghurt oder die Milch so lange im Mund, bis Sie das Gefühl haben, daß das Brennen nachläßt.

# Scharfes aus aller Welt

Gehen Sie mit uns auf eine
kulinarisch reizvolle Reise,
und lassen Sie sich von der
Rezeptvielfalt verführen!

# Teufelseier

- *Für 4 Personen*
- *Zubereitung: ca. 45 Min.*
- *ca. 150 kcal*

## ZUTATEN

**4 Eier, 2 EL Mayonnaise**
**1/2 TL scharfer Senf**
**1 EL Chiliketchup**
**1 TL Zitronensaft**
**Salz, schwarzer Pfeffer**
**rosenscharfes Paprika-**
  **pulver**

**Tabascosauce**
**Cayennepfeffer**
**4 mild eingelegte Peperonis**
**2 EL Schnittlauchröllchen**

**1.** Die Eier in kochendem Wasser in 10 Minuten hart kochen. Sie kalt abschrecken, schälen und längs halbieren.

**2.** Die Eigelbe aus den Eihälften herauslösen und zusammen mit Mayonnaise, Senf, Chiliketchup und Zitronensaft in eine Schüssel geben. Das Ganze cremig verrühren und mit Salz, Pfeffer, Paprikapulver, Tabascosauce und Cayennepfeffer „teuflisch" abschmecken. Die Eimasse in einen Spritzsack füllen und dekorativ in die Eihälften spritzen.

**3.** Die Eihälften anrichten und jeweils mit 1 Peperoni belegen. Zum Schluß den Schnittlauch darüberstreuen.

# Muscheln in Pfeffersauce

- *Für 4 Personen*
- *Zubereitung: ca. 1 Std.*
- *ca. 210 kcal*
- *Dazu paßt frisches Weißbrot*

## ZUTATEN

**1 kg frische Miesmuscheln**
**2 Knoblauchzehen**
**1 Zwiebel**
**1 kleine, rote Chilischote**
**1/2 Bund Petersilie**
**4 EL kaltgepreßtes Olivenöl**
**125 ml trockener Weißwein**
**1 TL schwarze Pfeffer-**
  **körner**
**Salz**

**1.** Die Muscheln unter fließend kaltem Wasser waschen, bürsten und von den Bärten befreien. Geöffnete Muscheln wegwerfen, weil sie verdorben sind.

**2.** Die Knoblauchzehen und die Zwiebel schälen und hacken. Die Chilischote waschen, trockentupfen, längs halbieren, entkernen und würfeln. Die Petersilie waschen und trockentupfen. Die Blätter abzupfen und hacken.

**3.** Das Öl in einem großen Topf erhitzen, Knoblauch- und Zwiebelwürfel unter häufigem Rühren darin anschwitzen. Das Ganze mit dem Weißwein und 125 ml Wasser aufgießen. Die Chilischote, die Pfefferkörner und etwas Salz einrühren und alles aufkochen.

**4.** Die Muscheln und die Petersilie dazugeben. Die Muscheln bei großer Hitze etwa 5 Minuten zugedeckt garen und vom Herd nehmen, sobald sie sich geöffnet haben. Nach dem Kochen die ungeöffneten Muscheln wegwerfen, sie sind verdorben.

*(auf dem Foto)*

# Meeresfrüchtesalat

- *Für 4 Personen*
- *Zubereitung: ca. 1 Std.*
  *(plus ca. 1 Std. Auftauzeit)*
- *ca. 300 kcal*
- *Dazu paßt Toastbrot*

## ZUTATEN

**500 g küchenfertige
 TK-Meeresfrüchte**

**2 kleine, rote Chilischoten**

**1/8 l Weißwein**

**Salz**

**1 TL weiße Pfefferkörner**

**2 Lorbeerblätter**

**1 Schalotte**

**1 Knoblauchzehe**

**5 EL kaltgepreßtes Olivenöl**

**3 EL Weißweinessig**

**schwarzer Pfeffer**

**1 mild eingelegte Pfeffer-
 schote**

**1.** Die Meeresfrüchte auf-
tauen lassen. Sie dann unter
fließend kaltem Wasser
gründlich waschen und in
einem Sieb abtropfen lassen.

**2.** Die Chilischoten waschen,
trockentupfen, der Länge
nach halbieren, entkernen
und fein würfeln.

**3.** Den Weißwein zusammen
mit 1/8 l Wasser, 1 Prise Salz,
den Pfefferkörnern, den Lorbeerblättern und den Chiliwürfeln in einen Topf geben.
Alles miteinander verrühren
und aufkochen lassen.

**4.** Die Meeresfrüchte in den
kochenden Sud geben und
diesen etwa 5 Minuten offen
köcheln lassen. Sie dann mit
einem Schaumlöffel herausnehmen und in eine Schüssel
geben.

**5.** Die Schalotte und den
Knoblauch schälen und fein
würfeln. Schalotten- und
Knoblauchwürfel zusammen
mit Öl und Essig verrühren
und die Mischung über die
Meeresfrüchte gießen. Alles
salzen, pfeffern und locker
miteinander vermengen.

**6.** Für die Garnitur die Pfefferschote längs vierteln. Den
Meeresfrüchtesalat auf 4 Vor-
speisenteller verteilen und
jeweils mit einem Schoten-
viertel garnieren.

### SCHARFE TIPS

- *Nach Belieben können Sie die
Chiliwürfel aus dem Kochsud
unter den Meeresfrüchtesalat
mischen.*
- *Wenn Sie die Gelegenheit
dazu haben, sollten Sie anstelle
der TK-Ware besser frische,
küchenfertige Meeresfrüchte
vom Fischhändler verwenden.*

### MEERESFRÜCHTE

*„Frutti di Mare" nennt man
in Italien edle Delikatessen
aus dem Mittelmeer. Diese
können einzeln oder gemischt,
als Vorspeise oder zusammen
mit Pasta oder Reis serviert
werden. Im Deutschen be-
zeichnet man damit allge-
mein Meeresdelikatessen –
z. B. verschiedenste Muschel-
sorten, Tintenfische, Scampi,
Garnelen.*

# Chickenwings

- *Für 4 Personen*
- *Zubereitung: ca. 30 Min.*
- *ca. 660 kcal*

### Z U T A T E N

**8 küchenfertige Hähnchen-**
**flügel**

**Salz**

**schwarzer Pfeffer**

**¹/₄ TL Chilipulver**

**150 g Mehl**

**¹/₂ TL Knoblauchpulver**

**1 Msp. Cayennepfeffer**

**2 Eier**

**4 EL Milch**

**100 ml Pflanzenöl**

**1.** Die Hähnchenflügel waschen und mit Küchenkrepp trockentupfen. Sie salzen, pfeffern und mit Chilipulver würzen.

**2.** Das Mehl mit dem Knoblauchpulver und dem Cayennepfeffer versieben.

**3.** Die Eier zusammen mit der Milch in einem Schüsselchen kräftig verrühren. Die Hähnchenflügel durch die Eiermischung ziehen und im Knoblauchmehl wenden, dabei überschüssiges Mehl von den Flügeln abklopfen.

**4.** Das Öl in einer großen Pfanne heiß siedend erhitzen. Die Hähnchenflügel hineinlegen und von allen Seiten etwa 15 Minuten goldbraun knusprig braten. Sie dann herausnehmen, auf Küchenkrepp entfetten und sofort servieren.

*(auf dem Foto)*

### SCHARFE TIPS

- *Die Hähnchenflügel schmecken am besten, wenn man Sie als „fingerfood" ganz unkompliziert aus der Hand ißt. Vergessen Sie nicht, ausreichend Servietten bereitzulegen.*
- *Servieren Sie für Liebhaber besonders scharfen Essens zu den Hähnchenflügeln eine Zwiebel-Chili-Sauce (siehe S. 78).*

# Scharfe Karotten

## vom Balkan

- *Für 4 Personen*
- *Zubereitung: ca. 30 Min.*
- *ca. 210 kcal*
- *Dazu paßt Vollkornbrot*

### ZUTATEN

**800 g junge Karotten**
**1 Bund Schnittlauch**
**1 getrocknete, rote Chilischote**
**2 Knoblauchzehen**
**Salz**
**1 säuerlicher Apfel (z. B. Boskop)**
**2 EL Zitronensaft**
**200 g saure Sahne**
**1 EL Meerrettich**
**1 Msp. Chilipulver**
**1 Msp. Cayennepfeffer**
**schwarzer Pfeffer**

**1.** Die Karotten putzen, schälen, waschen und trockentupfen. Sie mit einer Küchenreibe grob raffeln.

**2.** Den Schnittlauch waschen, trockentupfen und in feine Röllchen schneiden. Die Chilischote in einem Mörser grob zerreiben. Die Knoblauchzehen schälen und zusammen mit 1 Prise Salz in einem Mörser zerreiben.

**3.** Den Apfel schälen, vierteln und vom Kerngehäuse befreien. Die Apfelviertel in dünne Scheiben schneiden. Diese sofort mit dem Zitronensaft beträufeln, damit sie nicht braun werden.

**4.** Die Karotten zusammen mit der Chilischote und den Apfelscheiben in eine Schüssel geben und locker miteinander vermengen.

**5.** Die saure Sahne zusammen mit Meerrettich, zerriebenem Knoblauch, Chilipulver und Cayennepfeffer glatt verrühren. Das Ganze über den Karottensalat geben, alles miteinander vermischen, salzen, pfeffern und mit Schnittlauch garnieren.

## SCHARFE TIPS

- *Sie können die zarten jungen Frühlingskarotten je nach Belieben entweder ganz lassen, halbieren oder vierteln.*
- *Der Karottensalat wird noch schärfer, wenn Sie anstelle von Meerrettich aus dem Glas frisch geschabten verwenden.*
- *Variieren Sie den Karottensalat mit Fenchel oder Staudensellerie.*

## CAYENNEPFEFFER

*Die auch Roter oder Spanischer Pfeffer genannte Pflanze ist keine Pfefferart, sondern ein mit dem Paprika verwandtes Nachtschattengewächs. Die kleinen Schoten heißen frisch Chilis oder Peperoni und im getrockneten Zustand Cayennepfeffer. Das höllisch scharfe Gewürz wird häufig zusammen mit anderen getrockneten, gemahlenen Gewürzen in verschiedensten aromatischen Mischungen angeboten.*

# *Hummus*

■ *Für 4 Personen*

■ *Zubereitung: ca. 30 Min.*
  *(plus ca. 1 Std. Kühlzeit)*

■ *ca. 220 kcal*

■ *Dazu paßt Pittabrot*

## Z U T A T E N

**500 g in Salz eingelegte**
  **Kichererbsen**

**1/2 Bund glatte Petersilie**

**3 Knoblauchzehen**

**1 kleine Zwiebel**

**1 kleine, rote Chilischote**

**3 EL kaltgepreßtes Olivenöl**

**Saft von 1 Zitrone**

**1/4 TL Chilipulver**

**1/4 TL Cayennepfeffer**

**Salz**

**schwarzer Pfeffer**

**4 große Kopfsalatblätter**

**1 Msp. Zimtpulver**

**1.** Die Kichererbsen in ein Sieb geben und gut abtropfen lassen. Die Petersilie waschen und trockentupfen. Die Blätter von den Stielen zupfen und grob kleinschneiden.

**2.** Die Knoblauchzehen und die Zwiebel schälen und fein würfeln. Die Chilischote waschen und trockentupfen. Sie der Länge nach halbieren, nicht entkernen und in sehr kleine Würfel schneiden.

**3.** Kichererbsen, Knoblauch- und Zwiebelwürfel sowie Petersilie und Chilischotenwürfel zusammen mit dem Olivenöl, dem Zitronensaft, dem Chilipulver und dem Cayennepfeffer im Mixer oder mit dem Pürierstab eines Handrührgeräts fein pürieren.

**4.** Das Kichererbsenpüree mit Salz und Pfeffer abschmecken und in eine Servierschüssel füllen. Diese mit Klarsichtfolie gut abdecken. Das Kichererbsenpüree etwa 1 Stunde im Kühlschrank kalt stellen.

**5.** Die Salatblätter waschen und trockentupfen. Je 1 Salatblatt auf 1 Portionsteller legen. Das Kichererbsenpüree auf die 4 Teller verteilen und jeweils leicht mit Zimtpulver bestäuben.

## SCHARFE TIPS

■ *Liebhaber von Sesam können – wie bei den meisten Hummuszubereitungen üblich – 2 Eßlöffel Sesampaste unter das Kichererbsenpüree mischen.*

■ *Hummus kann auch aus getrockneten Kichererbsen zubereitet werden. Weichen Sie in diesem Fall 500 g getrocknete Kichererbsen mindestens 8 Stunden, am besten jedoch über Nacht, in kaltes Wasser ein. Wechseln Sie anschließend das Wasser aus und kochen Sie die eingeweichten Kichererbsen etwa 1 Stunde, bis sie weich sind. Bereiten Sie den Hummus dann wie im Rezept beschrieben zu.*

# Grüner Bohnensalat

- *Für 4 Personen*
- *Zubereitung: ca. 45 Min.*
- *ca. 200 kcal*
- *Dazu paßt frisches Weißbrot*

## Z U T A T E N

**400 g grüne Bohnen**
**Salz**
**4 kleine Tomaten**
**¹/₂ Bund glatte Petersilie**
**Saft von 1 Zitrone**
**1 Zwiebel**
**2 Knoblauchzehen**
**2 kleine, rote Chilischoten**
**6 EL kaltgepreßtes Olivenöl**
**schwarzer Pfeffer**
**1 Msp. Cayennepfeffer**

**1.** Die Bohnen putzen, von den Stielenden befreien und waschen. Reichlich Salzwasser aufkochen, die Bohnen dazugeben und etwa 5 Minuten offen köcheln lassen. Die Bohnen in ein Sieb gießen, mit kaltem Wasser abschrecken, damit sie ihre frische grüne Farbe behalten, und abtropfen lassen.

**2.** Die Tomaten über Kreuz einritzen, etwa 15 Sekunden überbrühen, abschrecken und enthäuten. Sie von den Stielansätzen befreien, entkernen und fein würfeln.

**3.** Die Petersilie waschen und trockentupfen. Die Blätter von den Stielen zupfen, fein hacken und zusammen mit dem Zitronensaft verrühren.

**4.** Zwiebel und Knoblauchzehen schälen und fein würfeln. Die Chilischoten waschen, trockentupfen, längs halbieren, entkernen und in sehr kleine Würfel schneiden.

**5.** Das Olivenöl in einem großen Topf erhitzen. Zwiebel- und Knoblauchwürfel, Chilischoten und Bohnen dazugeben und unter ständigem Rühren im heißen Öl etwa 5 Minuten andünsten.

**6.** Die Gemüsemischung in eine Schüssel umfüllen und die Tomatenwürfel sowie die Petersilie dazugeben. Das Ganze locker miteinander vermengen, mit Salz, Pfeffer und Cayennepfeffer kräftig abschmecken und servieren.

### SCHARFE TIPS

- *Sie können den grünen Bohnensalat auch kalt genießen. Decken Sie dazu die Salatschüssel mit Klarsichtfolie ab, und stellen Sie den Salat für einige Stunden im Kühlschrank kalt.*
- *Falls Sie saisonbedingt keine frischen Bohnen bekommen, können Sie für dieses Gericht ersatzweise auch tiefgekühlte Bohnen verwenden.*

# Rindfleisch-Saté

- *Für 4 Personen*
- *Zubereitung: ca. 45 Min.
  (plus ca. 2 Std. Marinierzeit)*
- *ca. 370 kcal*

## ZUTATEN

**500 g Rinderlende**
**4 frische Vogelbeerenchilis**
**1 EL brauner Zucker**
**50 g balinesische Würz-
  paste (Rezept S. 88)**
**5 EL Erdnußöl**

**1.** Die Rinderlende mundgerecht in etwa 1 cm breite und 12 cm lange Streifen schneiden. Die Vogelbeerenchilis waschen, trockentupfen, der Länge nach halbieren, entkernen und kleinschneiden.

**2.** Chilischoten, braunen Zucker und balinesische Würzpaste in einem Mixer oder mit dem Pürierstab eines Handrührgeräts fein pürieren. Diese Paste zusammen mit den Fleischstreifen in eine Schüssel geben und alles gründlich miteinander vermengen. Die Schüssel mit Klarsichtfolie abdecken und das Fleisch im Kühlschrank 2 Stunden marinieren.

**3.** Je 2 Fleischstreifen so auf einen langen Spieß stecken, daß Streifenanfang, einige andere Stellen und Streifenende aufgespießt werden. Das Öl in 2 Pfannen erhitzen und die Spieße etwa 4 Minuten auf jeder Seite knusprig braten. Die Spieße servieren.

*(auf dem Foto)*

### SCHARFE TIPS

- *Sie können dieses Rezept auch für Geflügel, Fischfilet oder Krabben verwenden.*
- *Wenn Sie gerne grillen: Die Satéspieße schmecken am besten, wenn sie über offenem Feuer gebraten werden.*

# Heiße Frikadellen

- *Für 4 Personen*
- *Zubereitung: ca. 45 Min.*
- *ca. 560 kcal*
- *Dazu paßt Chilisauce*

## ZUTATEN

**2 Knoblauchzehen**

**1 kleine Zwiebel**

**100 g spanische Chorizo-
wurst (ersatzweise
Debrezciner)**

**2 kleine, rote Chilischoten**

**5 EL kaltgepreßtes Olivenöl**

**500 g gemischtes Rinder-
und Schweinehackfleisch**

**Salz**

**schwarzer Pfeffer**

**1 TL gerebelter Oregano**

**1 Msp. Chilipulver**

**Tabascosauce**

**1.** Die Knoblauchzehen und die Zwiebel schälen und fein würfeln. Die Wurst pellen und sehr klein schneiden.

**2.** Die Chilischoten waschen, trockentupfen und der Länge nach halbieren. Sie entkernen und fein würfeln.

**3.** 4 Eßlöffel Olivenöl in einer Pfanne erhitzen. Die Knoblauch- und die Zwiebelwürfel sowie die Chilischoten-stückchen in das heiße Öl geben und sie darin unter häufigem Rühren etwa 2 Minuten andünsten.

**4.** Die Zwiebel-Chili-Mischung zusammen mit dem Hackfleisch und der Chorizo-wurst in eine Schüssel geben und das Ganze gründlich miteinander vermengen.

**5.** Die Hackfleischmischung mit Salz, Pfeffer, dem Oregano, dem Chilipulver sowie einigen Spritzern Tabascosauce würzen und das Ganze gut durchkneten. Aus der Fleisch-masse mit angefeuchteten Händen 8 kleine, flache Frika-dellen formen.

**6.** Das restliche Olivenöl in einer großen Pfanne erhitzen. Die Frikadellen hineinlegen und auf jeder Seite etwa 5 Minuten braten. Sie dann herausnehmen, auf Küchenkrepp entfetten und auf einer Platte anrichten.

### SCHARFE TIPS

- *Legen Sie für jeden Gast Papierservietten zum Essen bereit.*
- *Die Frikadellen werden noch würziger, wenn Sie 2 Eßlöffel gehackte grüne Oliven unter den Fleischteig mischen.*
- *Wenn Sie das Hackfleisch lieber etwas lockerer zubereiten möchten, dann mengen Sie einfach 1 ganzes Ei und 1 Eßlöffel Paniermehl unter die Fleisch-masse und verarbeiten das Ganze mit angefeuchteten Händen zu einem glatten Teig.*

# Fruchtsalat mit Chilisauce

- *Für 4 Personen*
- *Zubereitung: ca. 30 Min.*
- *ca. 110 kcal*
- *Dazu paßt Krupuk (fritiertes Krabbenbrot)*

## ZUTATEN

1 Salatgurke
1 „Baby"-Ananas
2 Mandarinen
1 Pomelo
100 g frische Sojabohnen-
   sprossen (ersatzweise aus
   der Dose)
8 Rambutan
3 TL Palmzucker
1 TL Sambal Ulek
   (Rezept S. 92)
1 EL Shrimpssauce (Fertigprodukt)
2 EL Sojasauce
Saft von 1 Limette

**1.** Die Salatgurke schälen, der Länge nach halbieren und mit einem Löffel entkernen. Die Gurke in dünne Scheiben schneiden. Die „Baby"-Ananas schälen und der Länge nach vierteln, dabei den Strunk und die „braunen Augen" entfernen. Das Fruchtfleisch in kleine Würfel schneiden.

**2.** Die Mandarinen und die Pomelo schälen und vollständig von der weißen Haut befreien. Mit einem scharfem Messer zwischen den Fruchthäuten die Fruchtfilets herausschneiden.

**3.** Die Sojabohnensprossen waschen und in einem Sieb abtropfen lassen. Die Rambutan schälen.

**4.** Gurken- und Ananasstücke zusammen mit Mandarinen- und Pomelofilets sowie Sojabohnensprossen und den Rambutan in eine Schüssel geben. Alles locker miteinander vermengen.

**5.** Den Palmzucker mit einem scharfen Messer in eine Schüssel schaben. Sambal Ulek, Shrimpssauce, Sojasauce und Limettensaft hinzufügen und das Ganze gründlich miteinander verrühren.

**6.** Die Sauce über den Fruchtsalat gießen. Alles vorsichtig durchmischen und auf 4 tiefe Teller verteilen.

*(auf dem Foto)*

## SCHARFE TIPS

- *Verwenden Sie für diesen Salat reife, zuckersüße Früchte. Ihre Säfte tragen in Kombination mit der Salatgurke wesentlich zum Geschmack des Salates bei.*
- *Gegebenenfalls können Sie anstelle der Pomelo auch saftige rosa oder helle Grapefruits verwenden. Die schwer erhältlichen Rambutan lassen sich durch Litchis ersetzen.*
- *Die Shrimpssauce oder mit Wasser anzurührende Shrimpspaste erhalten Sie in Asienläden oder in gut sortierten Lebensmittelabteilungen von Kaufhäusern.*

# Chilifritten

### aus Amerika

- *Für 4 Personen*
- *Zubereitung: ca. 1 Std.*
- *ca. 260 kcal*
- *Dazu passen viele verschiedene Dips*

## ZUTATEN

**1 kg festkochende Kartoffeln**

**Salz**

**schwarzer Pfeffer**

**$1/2$ TL edelsüßes Paprikapulver**

**$1/4$ TL rosenscharfes Paprikapulver**

**$1/4$ TL Knoblauchpulver**

**1 Msp. Cayennepfeffer**

**5 EL Pflanzenöl**

**1.** Den Backofen auf 220 °C vorheizen. Inzwischen die Kartoffeln schälen und waschen. Sie in Stifte von etwa 4 cm Länge und 1 cm Breite schneiden.

**2.** Die Kartoffelstifte auf allen Seiten mit Salz und Pfeffer kräftig würzen.

**3.** Die beiden Paprikapulver zusammen mit dem Knoblauchpulver sowie dem Cayennepfeffer in eine Schüssel sieben. Das Pflanzenöl dazugießen und alles gut miteinander verrühren. Die Kartoffelstifte in das angerührte Gewürzöl geben und sie damit gut vermengen.

**4.** Die Kartoffelstifte auf ein Backblech legen und auf der mittleren Einschubleiste des Backofens etwa 30 Minuten knusprig backen. Sie dabei mehrmals wenden.

### SCHARFE TIPS

■ *Servieren Sie die Chilifritten portionsweise in mit Papierservietten ausgelegten Körbchen. Plazieren Sie in die Mitte jedes Körbchens eine Schale mit einem Dip.*

■ *Sie können Ihren Gästen zum Dippen Curryketchup, Zigeunersauce, Chiliketchup oder einfaches Tomatenketchup reichen.*

# Gemischter Krabbensalat

- *Für 4 Personen*
- *Zubereitung: ca. 30 Min.*
  *(plus ca. 1 Std. Zeit zum*
  *Ziehen)*
- *ca. 180 kcal*
- *Dazu paßt frisches Weißbrot*

## ZUTATEN

**4 Frühlingszwiebeln**

**1 Knoblauchzehe**

**4 kleine Tomaten**

**1 Salatgurke**

**1 eingelegte Jalapeño-**
**Chilischote**

**300 g geschälte, gekochte**
**Nordseekrabben**

**1 EL Zitronensaft**

**Tabascosauce**

**2 Zweige Koriander**

**3 EL kaltgepreßtes Olivenöl**

**2 EL Weißweinessig**

**Salz**

**schwarzer Pfeffer**

**1.** Die Frühlingszwiebeln putzen, waschen, trockentupfen und kleinschneiden. Einen Teil des Grüns entfernen und fein hacken. Die Knoblauchzehe schälen und fein würfeln.

**2.** Die Tomaten über Kreuz einritzen, etwa 15 Sekunden überbrühen, abschrecken und enthäuten. Sie von den Stielansätzen befreien, entkernen und in sehr kleine Würfel schneiden.

**3.** Die Salatgurke schälen, der Länge nach halbieren und mit einem Löffel entkernen. Die Gurke in kleine Würfel schneiden. Die Chilischote der Länge nach halbieren. Sie entkernen und fein würfeln.

**4.** Die Krabben unter fließend kaltem Wasser waschen und mit Küchenkrepp trockentupfen. Sie zusammen mit dem Zitronensaft und einigen Spritzern Tabascosauce in eine Schüssel geben und das Ganze gründlich miteinander vermengen.

**5.** Den Koriander waschen und trockentupfen. Die Blätter von den Stielen zupfen und grob hacken.

**6.** Die Frühlingszwiebeln, die Korianderblätter und die Knoblauchzehe sowie die Tomaten-, Gurken- und Chilischotenwürfel unter die Krabben heben.

**7.** Das Olivenöl zusammen mit dem Weißweinessig verrühren. Das Ganze mit Salz und Pfeffer abschmecken und über den Krabbensalat gießen. Den Salat mit Klarsichtfolie abdecken und im Kühlschrank etwa 1 Stunde durchziehen lassen.

## SCHARFE TIPS

- *Der gemischte Krabbensalat schmeckt noch intensiver, wenn Sie ihn einige Stunden durchziehen lassen.*
- *Wenn Sie den Krabbensalat besonders scharf lieben, schmecken Sie ihn kurz vor dem Servieren nochmals mit ein paar Tropfen Tabascosauce kräftig ab.*
- *Anstelle der würzig-scharfen Jalapeño-Chilischote können Sie auch kleine grüne oder rote Chilischoten verwenden.*

# Serbische Bohnensuppe

- *Für 4 Personen*
- *Zubereitung: ca. 2 Std.*
  *(plus ca. 12 Std. Einweichzeit)*
- *ca. 1180 kcal*
- *Dazu paßt Bauernbrot*

## ZUTATEN

**250 g getrocknete, weiße
  Bohnen**

**250 g geräucherter
  Schweinebauch**

**Salz**

**2 Zwiebeln**

**2 Knoblauchzehen**

**2 kleine, rote Chilischoten**

**1 rote Paprikaschote**

**4 Debreziner**

**3 EL Pflanzenöl**

**1 TL Paprika- oder Toma-
  tenmark**

**1-2 EL edelsüßes Paprika-
  pulver**

**schwarzer Pfeffer**

**1 Lorbeerblatt**

**200 g süße Sahne**

**1 Prise rosenscharfes
  Paprikapulver**

**1.** Die Bohnen in reichlich Wasser etwa 12 Stunden einweichen. Sie dann abgießen, abtropfen lassen und zusammen mit reichlich Wasser, dem Schweinebauch sowie einer Prise Salz in einem Topf erhitzen. Die Bohnen bei mittlerer Hitze zugedeckt etwa 1 Stunde weich garen.

**2.** Den Schweinebauch aus dem Bohnensud nehmen und würfeln. Die Zwiebeln schälen und in dünne Streifen schneiden. Die Knoblauchzehen schälen und fein hacken. Die Chilischoten und die Paprikaschote waschen, trockentupfen, längs halbieren, entkernen und fein würfeln.

**3.** Die Debreziner pellen und in dünne Scheiben schneiden. Das Öl in einem großen Topf erhitzen und unter Rühren die Zwiebelstreifen, den Knoblauch und die Schweinebauchwürfel darin etwa 5 Minuten anbraten.

**4.** Paprika- oder Tomatenmark, gut 1 Eßlöffel Paprikapulver sowie Chili- und Paprikawürfel dazugeben und unterrühren. Das Ganze etwa 5 Minuten garen und mit heißem Wasser ablöschen.

**5.** Die Bohnen zusammen mit dem Kochwasser hinzufügen, aufkochen und mit Salz und Pfeffer würzen. Das Lorbeerblatt und die Wurstscheiben dazugeben und die Suppe etwa 20 Minuten offen köcheln lassen.

**6.** Die Sahne unterziehen und die Bohnensuppe nochmals mit den Gewürzen abschmecken. Sie in vorgewärmte Suppentassen füllen und vor dem Servieren mit etwas Paprikapulver bestäuben.

### SCHARFE TIPS

- *Die Suppe wird noch herzhafter und sämiger, wenn Sie 2 in Würfel geschnittene Kartoffeln mitkochen.*
- *Garnieren Sie die Suppe mit je 1 Eßlöffel Schlagsahne und einer eingelegten Peperoni.*
- *Die serbische Bohnensuppe kann in zahlreichen schmackhaften Variationen zubereitet werden: Kochen Sie beispielsweise auch Lauchstreifen und Karottenscheiben mit, oder verfeinern Sie die Suppe zusätzlich mit einigen Wacholderbeeren und Gewürznelken.*

# Kürbiscremesuppe

- *Für 4 Personen*
- *Zubereitung: ca. 1 Std.*
- *ca. 450 kcal*

## ZUTATEN

**800 g frisches Kürbisfleisch**
**1 Zwiebel**
**2 Knoblauchzehen**
**4 kleine, grüne Chilischoten**
**3 EL Butter**
**3 TL Zucker**
**3/8 l Milch**

**400 g süße Sahne**
**Salz, schwarzer Pfeffer**
**abgeriebene Muskatnuß**

**1.** Das Kürbisfleisch klein-schneiden. Zwiebel und Knoblauch schälen und hak-ken. Chilischoten waschen, trockentupfen, längs halbie-ren, entkernen und würfeln.

**2.** Die Butter erhitzen. Chili, Zwiebel und Knoblauch darin andünsten. Sie mit Zucker be-streuen und diesen schmel-zen lassen. Kürbisfleisch dazu-geben und unter Rühren etwa 5 Minuten andünsten.

**3.** Milch und Sahne angie-ßen, alles aufkochen und bei kleiner Hitze etwa 20 Minuten offen köcheln lassen, mit Salz, Pfeffer und Muskatnuß wür-zen. Den Kürbis pürieren, die Suppe 5 Minuten weiter-köcheln lassen und nochmals abschmecken.

# Papayasuppe aus Bali

- *Zubereitung: ca. 1 Std.*
- *Für 4 Personen*
- *ca. 110 kcal*

## ZUTATEN

**4 kleine, rote Chilischoten**
**4 Knoblauchzehen**
**4 Schalotten**
**1 cm frische Ingwerwurzel**
**1 Stiel Zitronengras**
**600 g Papaya**
**2 EL Öl**
**1 TL Koriandersamen**
**2 EL brauner Zucker**
**1 l Hühnerbrühe**
**Salz, schwarzer Pfeffer**

**1.** Die Chilischoten waschen, trockentupfen, längs halbie-ren, nicht entkernen und fein würfeln. Die Knoblauchze-hen, die Schalotten und die Ingwerwurzel schälen und fein hacken.

**2.** Das Zitronengras waschen und fein schneiden. Die Pa-paya schälen, längs halbieren und entkernen. Die Papaya-hälften zuerst längs in dünne und dann quer in etwa 2 cm dicke Scheiben schneiden.

**3.** Das Öl in einem breiten Topf oder in einem Wok erhit-zen und darin die Chili-, die Knoblauch-, die Schalotten- und die Ingwerwürfel glasig andünsten. Die Koriander-samen im Mörser zerstoßen und zusammen mit dem Zucker dazugeben.

**4.** Die Chilimischung unter Rühren etwa 5 Minuten rösten. Die Hühnerbrühe an-gießen und alles aufkochen. Nun die Papayascheiben und das Zitronengras einrühren.

**5.** Die Suppe salzen, pfeffern und 15 Minuten bei milder Hitze offen köcheln lassen.

*(auf dem Foto)*

# Linseneintopf mit Kartoffeln

### rustikal

- *Für 4 Personen*
- *Zubereitung:*
  *ca. 1 Std. 45 Min. (plus ca.*
  *12 Std. Einweichzeit)*
- *ca. 1000 kcal*
- *Dazu passen Würstchen*

### ZUTATEN

**300 g getrocknete Linsen**
**2 Zwiebeln**
**2 Gewürznelken**
**2 Lorbeerblätter**
**Salz**
**200 g frischer Schweine-**
  **bauch**
**100 g geräucherter Speck**
**1 große Karotte**
**100 g Sellerie**
**2 kleine, rote Chilischoten**
**1 Stange Lauch**
**2 EL Öl**
**500 g Kartoffeln**
**Tabascosauce**
**2 EL Essig**
**1 EL Zucker**

**1.** Die Linsen in reichlich Wasser geben und etwa 12 Stunden einweichen.

**2.** Die Zwiebeln schälen. 1 Zwiebel halbieren und mit den Gewürznelken und den Lorbeerblättern spicken. Die andere fein hacken und beiseite stellen.

**3.** Die Linsen zusammen mit dem Einweichwasser, 1 Prise Salz und den gespickten Zwiebelhälften in einen Topf geben. Alles aufkochen und die Linsen etwa 30 Minuten garen.

**4.** Den Schweinebauch und den Speck in kleine Würfel schneiden. Die Karotte und den Sellerie putzen, schälen, waschen, trockentupfen und kleinschneiden. Die Chilischoten waschen, trockentupfen, längs halbieren, entkernen und fein würfeln. Den Lauch putzen, waschen, trockentupfen und zerkleinern.

**5.** Das Öl in einem großen Topf erhitzen. Die Schweinebauch- und Speckwürfel darin unter Rühren von jeder Seite anbraten. Zwiebel, Karotte, Sellerie, Lauch und Chilischoten dazugeben und alles weitere 5 Minuten braten.

**6.** Die Linsen zusammen mit dem Sud zu der angebratenen Gemüsemischung geben. Alles mehrmals durchrühren und zugedeckt leise köcheln lassen. Die Kartoffeln schälen, waschen, mundgerecht würfeln, in den Linseneintopf geben und darin garen.

**7.** Sobald die Kartoffeln nach etwa 20 Minuten weich sind, den Eintopf mit einigen Spritzern Tabascosauce, Essig und Zucker abschmecken. Die gespickten Zwiebelhälften vor dem Servieren entfernen.

### SCHARFE TIPS

- *Damit der Eintopf sämiger wird, bestäuben Sie einfach das angebratene Gemüse mit 1 Eßlöffel Mehl, braten alles nochmals kurz und gießen erst dann den Linsensud dazu.*
- *Wenn Sie den Eintopf schärfer bevorzugen, dann kochen Sie zusätzlich 2 Chili- oder Piri-Piri-Schoten mit. Sie sollten aber dann die Schoten aus dem fertigen Eintopf entfernen!*
- *Sie sollten das Einweichwasser vor dem Kochen nicht durch frisches Wasser ersetzen, da sich darin die gelösten Mineral- und Nährstoffe der Linsen befinden.*

# Gelbe Paprikasuppe

■ *Für 4 Personen*
■ *Zubereitung: ca. 30 Min.*
■ *ca. 260 kcal*

## ZUTATEN

**600 g gelbe Paprikaschoten**
**1 kleine, rote Chilischote**
**1 Zwiebel**
**2 Knoblauchzehen**
**3 EL Butter, 2 EL Zucker**
**100 ml Prosecco**
**$^1/_2$ TL Kurkuma**
**250 ml Gemüse- oder**
  **Hühnerbrühe**
**100 g süße Sahne**
**50 g Crème fraîche**
**Salz, schwarzer Pfeffer**
**Cayennepfeffer**

**1.** Die Paprika- und Chilischoten waschen, trockentupfen, längs halbieren und entkernen. Die Paprikaschoten in kleine Stücke, die Chilischote in kleine Würfel schneiden. Zwiebel und Knoblauch schälen und fein würfeln.

**2.** Die Butter heiß schäumend erhitzen. Zwiebel-, Knoblauch-, Chili- und Paprikastücke hinzufügen und unter Rühren etwa 5 Minuten dünsten. Den Zucker hineinstreuen und unter Rühren auflösen. Das Ganze mit Prosecco ablöschen, mit Kurkuma bestäuben, mit Brühe und Sahne aufgießen und aufkochen.

**3.** Die Paprikasuppe in einem Mixer oder mit dem Pürierstab eines Handrührgeräts pürieren, durch ein Sieb passieren und nochmals erhitzen.

**4.** Die Crème fraîche in die Suppe einrühren und diese mit Salz, Pfeffer und dem Cayennepfeffer abschmecken.

*(auf dem Foto)*

### SCHARFER TIP

■ *Nach diesem Rezept können Sie auch eine rote, grüne oder lilafarbene Paprikasuppe zubereiten. Garnieren Sie die Suppen mit bunten Paprikawürfeln.*

# Thailändische Nationalsuppe

### säuerlich-scharf

- *Für 4 Personen*
- *Zubereitung: ca. 1 Std.*
- *ca. 170 kcal*
- *Dazu paßt Krupuk (fritiertes Krabbenbrot)*

### ZUTATEN

**500 g rohe Tiefseegarnelen mit Schalen und Köpfen**

**3 kleine, rote Chilischoten**

**2 Frühlingszwiebeln**

**2 Stiele Zitronengras**

**2 frische Zweige Koriander**

**2 EL Erdnußöl**

**Salz**

**Saft von 1 Limette**

**1-2 EL Fischsauce (Fertig-produkt)**

**1.** Die Garnelen aus den Krusten brechen. Sie mit einem scharfen Messer am Rücken einschneiden und die dunklen Darmfäden vorsichtig entfernen. Das Garnelenfleisch unter fließend kaltem Wasser abwaschen und trockentupfen. Die Schalen und Köpfe (Karkassen) ebenfalls unter fließend kaltem Wasser gründlich säubern und in einem Sieb abtropfen lassen.

**2.** Die Chilischoten waschen und trockentupfen. 2 Schoten längs halbieren, die dritte Chilischote in feine Ringe schneiden. Die Frühlingszwiebeln putzen, waschen, trockentupfen und zusammen mit dem Grün fein hacken.

**3.** Das Zitronengras und den Koriander waschen und trockentupfen. Das Zitronengras in feine Streifen schneiden. Die Korianderblätter von den Stielen zupfen und kleinschneiden.

**4.** Das Öl erhitzen, die Garnelenschalen und -köpfe hineingeben und unter Rühren etwa 5 Minuten kräftig braten. Das Ganze mit 1 $1/2$ l heißem Wasser aufgießen und aufkochen lassen.

**5.** Etwas Salz, die Zitronengrasstreifen und die Chilihälften in die kochende Flüssigkeit einrühren. Etwa 20 Minuten offen köcheln lassen.

**6.** Den Schalensud durch ein Sieb gießen und erneut aufkochen, dann die Hitze reduzieren. Die Garnelen dazugeben und etwa 5 Minuten ziehen lassen. Die Suppe mit dem Limettensaft und der Fischsauce würzen.

**7.** Die Garnelensuppe in vorgewärmte Suppenschalen gießen und mit dem Koriandergrün, den Chiliringen und den Zwiebeln garnieren.

### SCHARFE TIPS

- *Sie können diese Suppe mit eingeweichten chinesischen Morcheln und frischen Sojabohnensprossen schmackhaft variieren.*
- *Sollten Sie die Fischsauce nicht vertragen, so können Sie die Suppe ersatzweise mit Sojasauce würzen.*

# Gulaschsuppe mit Kartoffeln

- *Für 4-5 Personen*
- *Zubereitung:*
  *ca. 1 Std. 30 Min.*
- *ca. 410 kcal*

## ZUTATEN

**400 g Rindfleisch aus der
  Schulter (Bug)**
**2 Zwiebeln**
**3 Knoblauchzehen**
**1 rote Peperonischote (aus
  dem Glas)**
**4 EL Pflanzenöl**
**Salz**
**schwarzer Pfeffer**
**1 TL edelsüßes Paprika-
  pulver**
**$^1/_2$ TL rosenscharfes
  Paprikapulver**
**1 l Fleischbrühe**
**$^1/_2$ TL Kümmel**
**$^1/_2$ TL gerebelter Majoran**
**etwas abgeriebene Schale
  von 1 Zitrone**
**2 mittelgroße Kartoffeln**
**100 g saure Sahne**

**1.** Das Rindfleisch von Haut- und Sehnenresten befreien und in etwa 1 cm kleine Würfel schneiden.

**2.** Die Zwiebeln und die Knoblauchzehen schälen und fein würfeln.

**3.** Die Peperonischote trockentupfen, der Länge nach halbieren, nicht entkernen und in kleine Würfel schneiden.

**4.** Das Öl in einem Topf erhitzen und die Fleischwürfel darin von allen Seiten scharf anbraten.

**5.** Die Zwiebel- und die Knoblauchwürfel zum Fleisch dazugeben. Das Ganze unter ständigem Rühren weitere 10 Minuten andünsten und mit Salz und Pfeffer abschmecken. Das edelsüße sowie das rosenscharfe Paprikapulver einstreuen und alles noch etwa 1 Minute dünsten. Das Fleisch mit der Fleischbrühe aufgießen.

**6.** Die Gulaschsuppe aufkochen und mit Kümmel, Majoran und Zitronenschale würzen. Die Suppe bei mittlerer Hitze etwa 40 Minuten offen köcheln lassen.

**7.** Die Kartoffeln schälen, waschen und in etwa 1 cm große Würfel schneiden. Die Kartoffel- und die Peperoniwürfel nach etwa 20 Minuten der Garzeit in die Gulaschsuppe einrühren.

**8.** Die Suppe nochmals mit den Gewürzen abschmecken und auf vorgewärmte Teller geben. Jeweils 1 Eßlöffel saure Sahne darauf geben und diese mit rosenscharfem Paprikapulver bestäuben.

*(auf dem Foto)*

### SCHARFE TIPS

- *Sollten Sie einen Rest Gulasch vom Vortag haben, so schneiden Sie einfach die Fleischwürfel kleiner und gießen den Gulasch mit Fleischbrühe auf. Schmecken Sie die Suppe mit den im Rezept angegebenen Gewürzen kräftig ab und verfeinern Sie sie nach Belieben mit 100 g süßer Sahne.*
- *Garnieren Sie die Suppe mit feinen Paprikastreifen und servieren Sie sie mit Croutons und Crème fraîche.*
- *Zum „Verschärfen" können Sie zusätzlich eine klein gewürfelte Chilischote in die Suppe geben.*

# Käsesuppe mit Chilis

- *Für 4 Personen*
- *Zubereitung: ca. 45 Min.*
- *ca. 370 kcal*
- *Dazu passen dunkle Brotsorten*

## ZUTATEN

**2 kleine, orange Chilischoten**
**1 Knoblauchzehe**
**1 kleine Zwiebel**
**5 EL Butter**
**2 EL Mehl**
**3/4 l Fleischbrühe**
**200 g süße Sahne**
**100 g Schmelzkäse**
**50 g frisch geriebener Gruyère**
**Salz, schwarzer Pfeffer**

**1.** Die Chilischoten waschen, trockentupfen, der Länge nach halbieren, entkernen und in kleine Würfel schneiden. Die Knoblauchzehe und die Zwiebel schälen und fein hacken.

**2.** Die Butter in einem Topf heiß schäumend erhitzen. Die Knoblauch-, die Zwiebel- und die Chiliwürfel unter ständigem Rühren in die Butter einstreuen. Das Ganze mit Mehl bestäuben, mit der Fleischbrühe aufgießen und aufkochen lassen.

**3.** Nun die Sahne, den Schmelzkäse und den Gruyère in die Brühe einrühren. Die Suppe mit Salz und Pfeffer abschmecken und die Hitze reduzieren.

**4.** Die Käsesuppe etwa 5 Minuten ziehen lassen und sofort servieren.

## SCHARFE TIPS

- *Anstelle des Gruyère können Sie auch andere Käsesorten verwenden. Wählen Sie jedoch würzige Käse, die die Suppe geschmacklich kräftig abrunden, wie etwa Parmigiano Reggiano, Emmentaler oder Edamer.*
- *Genießen Sie die Käsesuppe mit Croûtons, Schinkenwürfeln, frischen Kräutern oder mit Nordseekrabben.*

# Zwiebelsuppe unter der Haube

- *Für 4 Personen*
- *Zubereitung:*
  *ca. 1 Std. 15 Min.*
- *ca. 250 kcal*

## ZUTATEN

**500 g Zwiebeln**

**2 Knoblauchzehen**

**1 kleine, grüne Chilischote**

**5 EL Butter**

**$1/8$ l trockener Weißwein**

**1 l Fleischbrühe**

**Salz**

**schwarzer Pfeffer**

**2 Scheiben TK-Blätterteig**

**Mehl für die Arbeitsfläche**

**50 g frisch geriebener**
 **Gruyère**

**1.** Die Zwiebeln schälen und in feine Ringe schneiden. Die Knoblauchzehen schälen und kleinschneiden. Die Chilischote waschen und trockentupfen. Sie der Länge nach halbieren, entkernen und fein würfeln.

**2.** 4 Eßlöffel Butter in einem Topf heiß schäumend erhitzen. Zwiebelringe, Knoblauch und Chiliwürfel dazugeben und sie darin unter häufigem Rühren etwa 10 Minuten dünsten.

**3.** Die Zwiebelmischung mit dem Weißwein und der Fleischbrühe aufgießen und alles aufkochen lassen. Die Suppe mit Salz und Pfeffer würzen und bei geringer Hitze etwa 10 Minuten offen köcheln lassen.

**4.** Den Backofen auf 220 °C vorheizen. Den Blätterteig auf einer bemehlten Arbeitsfläche leicht auswellen und mit einer umgedrehten Suppentasse 4 Kreise ausstechen. Diese nochmals leicht auswellen. Die restliche Butter zerlaufen lassen.

**5.** Die Zwiebelsuppe in 4 feuerfeste Suppentassen füllen und den Gruyère darüberstreuen. Die Suppentassenränder mit etwas Butter bestreichen.

**6.** Mit den Blätterteigkreisen die Suppentassen abdecken und den Teig an den Rändern andrücken.

**7.** Den Blätterteig mit Butter bestreichen. Die Suppenterrinen auf der mittleren Einschubleiste in den Backofen schieben und den Blätterteig in etwa 10 Minuten goldgelb und knusprig backen.

### SCHARFE TIPS

- *Gehen Sie bitte vorsichtig mit den Suppentassen um, denn sie sind sehr heiß.*
- *Die Zwiebelsuppe wird noch schärfer, wenn Sie den Käse unter der Haube mit Cayennepfeffer leicht bestäuben.*

# Ćevapčići

- *Für 4 Personen*
- *Zubereitung: ca. 1 Std. (plus ca. 1 Std. Zeit zum Durchziehen)*
- *ca. 550 kcal*
- *Dazu paßt Reis*

## Z U T A T E N

**2 Zwiebeln**
**1 grüne Paprikaschote**
**4 Knoblauchzehen**
**800 g Rinderhackfleisch**
**Salz**
**schwarzer Pfeffer**
**1 TL rosenscharfes Paprikapulver**
**4 EL Pflanzenöl**

**1.** Die Zwiebeln schälen und sehr fein hacken. Die Paprikaschote waschen, trockentupfen und der Länge nach vierteln. Die Schote entkernen und in dünne Streifen schneiden. Die Knoblauchzehen schälen und fein würfeln.

**2.** Das Rinderhackfleisch zusammen mit den Knoblauchwürfeln, Salz, Pfeffer, dem rosenscharfen Paprikapulver und 1 Eßlöffel Pflanzenöl zu einem Teig verkneten. Aus dem Fleischteig mit angefeuchteten Händen etwa fingerlange, 2 cm dicke Würstchen (Ćevapčići) formen. Die Ćevapčići nebeneinander auf eine Platte legen, mit Klarsichtfolie abdecken und etwa 1 Stunde im Kühlschrank durchziehen lassen.

**3.** Die restlichen 3 Eßlöffel Öl in einer Pfanne erhitzen. Die Ćevapčići darin unter mehrmaligem Wenden von jeder Seite etwa 5 Minuten knusprig braten.

**4.** Die Ćevapčići auf 4 Teller verteilen und die Zwiebelwürfel darüberstreuen. Das Ganze mit Paprikastreifen garnieren und mit rosenscharfem Paprikapulver leicht bestäuben.

## SCHARFER TIP

- *Besonders einfach und schmackhaft können Sie das Gericht auf einem Gartengrill, Tischgrill oder heißen Stein zubereiten – oder Sie bestreichen die Hackfleischwürstchen mit Öl und grillen Sie mit Grillstufe im Backofen.*

## PAPRIKAPULVER

*Das gemahlene Pulver wird aus getrockneten Paprikaschoten hergestellt. Die Qualität des Gewürzes richtet sich nach der Menge des schärfegebenden Capsaicins, das sich z. B. in den Scheidewänden und den Samen der Schoten befindet. Im Handel ist es in fünf Schärfegraden von mild bis scharf erhältlich: Delikateß-, Edelsüß-, Halbsüß-, Rosen- und Scharfpaprika. Das vielseitig verwendbare Gewürz verleiht Gemüse-, Fleisch- und Fischgerichten, aber auch Salaten, Saucen und Eierspeisen „Pep". Beim Braten sollte das Gewürz niemals gleich zu Beginn in das heiße Fett gegeben werden, da das Paprikapulver sonst verbrennt.*

# *Chili con Carne*

- *Für 4 Personen*
- *Zubereitung:*
  *ca. 1 Std. 30 Min.*
- *ca. 550 kcal*
- *Dazu passen Weißbrot und*
  *Tacochips*

## ZUTATEN

**1 große Zwiebel**

**4 Knoblauchzehen**

**2 kleine, rote Chilischoten**

**ca. 500 g rote Kidney-**
**bohnen**

**600 g Tomaten**

**3 EL Pflanzenöl**

**600 g Rinderhackfleisch**

**2 EL Tomatenmark**

**Salz**

**schwarzer Pfeffer**

**1/2 l Fleisch- oder**
**Gemüsebrühe**

**1/2 TL Chilipulver**

**1/2 TL gemahlener Kreuz-**
**kümmel**

**1/2 TL gerebelter Oregano**

**1 Msp. Cayennepfeffer**

**1.** Die Zwiebel und die Knoblauchzehen schälen und fein würfeln. Die Chilischoten waschen, trockentupfen, der Länge nach halbieren, entkernen und fein hacken.

**2.** Die Kidneybohnen in ein Sieb geben und gut abtropfen lassen. Die Tomaten über Kreuz einritzen und etwa 15 Sekunden in kochendem Wasser überbrühen. Sie abschrecken und enthäuten. Die Tomaten von den Stielansätzen befreien und in sehr kleine Stücke schneiden.

**3.** Das Pflanzenöl in einem großen Topf erhitzen. Die Zwiebel-, Knoblauch- und Chiliwürfel einstreuen und unter mehrmaligem Rühren darin andünsten. Das Hackfleisch hinzufügen und krümelig anbraten. Das Tomatenmark dazugeben und alles unter häufigem Rühren kräftig braten. Die Fleischmischung mit Salz und Pfeffer würzen.

**4.** Die Fleischmischung mit der Fleisch- oder Gemüsebrühe aufgießen, die Tomatenstücke und die Kidneybohnen einrühren. Das Ganze mit Chilipulver, Kreuzküm-

mel, Oregano und Cayennepfeffer kräftig abschmecken und aufkochen lassen.

**5.** Nach dem ersten Aufkochen die Hitze reduzieren und das Chili con Carne etwa 20 Minuten zugedeckt leise köcheln lassen.

### SCHARFE TIPS

- *Wenn Sie Chili con Carne nach dem Originalrezept der Tex-Mex-Küche zubereiten wollen, ersetzen Sie das Hackfleisch einfach durch die gleiche Menge fein gewürfeltes Rindfleisch. Chili con Carne wird bei uns wahrscheinlich nur wegen des geringeren Zeitaufwands mit Rinderhackfleisch zubereitet.*
- *Den Schärfegrad können Sie auch bei diesem Gericht nach Lust und Laune bestimmen. Verwenden Sie für ein besonders scharfes Chili mehr Chilischoten, Cayennepfeffer und Chilipulver, für eine mildere Variante hingegen weniger Gewürze und mehr Tomaten.*

# *Fleischpastetchen*

- *Zutaten für ca. 25 Stück*
- *Zubereitung: ca. 1 Std. 30 Min. (plus ca. 1 Stunde Ruhezeit)*
- *ca. 170 kcal pro Pastetchen*
- *Dazu paßt gemischter Salat*

## ZUTATEN

**500 g Mehl**
**1/2 Hefewürfel (ca. 20 g)**
**1 TL Zucker**
**1/4 l lauwarme Milch**
**2 Zweige Koriander**
**1 Zwiebel**
**5 Knoblauchzehen**
**3 kleine, rote Chilischoten**
**5 EL zimmerwarme Butter**
**Salz**
**1 EL Pflanzenöl**
**4 EL Erdnußöl**
**500 g gemischtes Rinder-
   und Schweinehackfleisch**
**schwarzer Pfeffer**
**1 EL Tomatenmark**
**1/8 l Fleischbrühe**
**1 TL gemahlener Kreuz-
   kümmel**
**1 TL gerebelter Oregano**
**1 TL gerebelter Thymian**
**2 Eigelbe**

*Außerdem*
**Butter für das Backblech**
**Mehl für die Arbeitsfläche**

**1.** Für den Vorteig das Mehl in eine Schüssel sieben und in die Mitte eine Mulde drükken. Die Hefe zerbröseln, hineinstreuen und zusammen mit Zucker und Milch verrühren. Das Ganze an einem gleichmäßig warmen Ort zugedeckt etwa 30 Minuten gehen lassen.

**2.** Inzwischen den Koriander waschen und trockentupfen. Die Blätter von den Stielen zupfen und grob kleinschneiden. Die Zwiebel und die Knoblauchzehen schälen und hacken. Die Chilischoten waschen, trockentupfen und längs halbieren. Sie entkernen und fein würfeln.

**3.** Den Vorteig zusammen mit dem Mehl, der Butter, 1 Teelöffel Salz und dem Pflanzenöl zu einem geschmeidigen Teig verkneten. Den Teig in eine Schüssel geben und zugedeckt etwa 30 Minuten gehen lassen.

**4.** Das Erdnußöl in einem großen Topf erhitzen und die Zwiebel-, Knoblauch- und Chiliwürfel darin andünsten. Das Fleisch hinzufügen und unter ständigem Rühren krümelig braten.

**5.** Das Hackfleisch mit Salz und Pfeffer abschmecken und zusammen mit dem Tomatenmark kräftig braten. Die Brühe angießen und das Ganze mit Kreuzkümmel, Oregano und Thymian würzen. Die Korianderblätter dazugeben und das Hackfleisch etwa 10 Minuten in der Brühe leise köcheln lassen.

**6.** Den Backofen auf 210 °C vorheizen. Ein Backblech mit Butter einfetten. Den Teig auf einer bemehlten Arbeitsfläche dünn auswellen. Aus dem Teig Kreise von 8 bis 9 cm Durchmesser ausstechen.

**7.** Die Teigkreise auf der einen Hälfte mit der Füllung belegen, die andere Hälfte darüberschlagen. Die Eigelbe verquirlen. Die Teigränder damit bestreichen und fest zusammendrücken. Mit Gabelzinken darauf ein Muster andrücken.

**8.** Die Fleischpastetchen mit Eigelb bepinseln, auf das Backblech setzen und auf der mittleren Einschubleiste in etwa 45 Minuten goldbraun backen.

*(auf dem Foto)*

# Hackfleisch mit Mais

**sehr scharf**

■ *Für 4 Personen*
■ *Zubereitung: ca. 45 Min.*
■ *ca. 610 kcal*

## ZUTATEN

**2 Schalotten**

**4 Knoblauchzehen**

**3 kleine, rote Chilischoten**

**2 Paprikaschoten**

**ca. 285 g Mais aus der Dose**

**2 EL kaltgepreßtes Olivenöl**

**600 g gemischtes Rinder-
und Schweinehackfleisch**

**1 EL Tomatenmark**

**Salz, schwarzer Pfeffer**

**100 ml Rotwein**

**500 g passierte Tomaten**

**1 TL gerebelter Thymian**

**1 EL Zitronensaft**

**1.** Die Schalotten schälen und würfeln. Die Knoblauchzehen schälen und in Scheiben schneiden. Die Chilischoten waschen, längs halbieren, entkernen und würfeln. Die Paprikaschoten waschen, trockentupfen, vierteln und entkernen. Sie in etwa 1 cm große Stücke schneiden. Die Maiskörner abtropfen lassen.

**2.** Das Öl erhitzen, Schalotten, Knoblauch und Chili-schoten darin andünsten. Das Fleisch hinzufügen und bei starker Hitze etwa 5 Minuten krümelig braten.

**3.** Das Tomatenmark dazuge-ben und zusammen mit dem Hackfleisch kräftig anrösten.

Das Ganze salzen und pfef-fern, mit dem Rotwein ablö-schen und den passierten Tomaten auffüllen.

**4.** Alles bei geringer Hitze et-wa 20 Minuten offen köcheln lassen. Nach etwa 10 Minu-ten der Kochzeit die Paprika-stücke und den Mais darun-termischen. Das Hackfleisch mit Thymian und Zitronensaft abschmecken.

### SCHARFER TIP

■ *Variieren Sie die Schärfe dieses Gerichts, indem Sie Cayenne-pfeffer und/oder Tabascosauce dazugeben.*

# Scharfe Fleischstückchen

- *Für 4 Personen*
- *Zubereitung:*
  *ca. 1 Std. 15 Min. (plus*
  *ca. 6 Std. Marinierzeit)*
- *ca. 600 kcal*
- *Dazu passen Folienkartoffeln*

## ZUTATEN

**800 g Schweinefleisch am**
  **Stück (Schlegel oder**
  **Lendchen)**
**Salz**
**schwarzer Pfeffer**
**Zimtpulver**
**gemahlene Gewürznelken**
**gemahlener Kreuzkümmel**
**2 Schalotten**
**2 Knoblauchzehen**
**2 kleine, rote Chilischoten**
**2 Zweige Thymian**
**Saft von 3 Zitronen**
**Saft von 3 Orangen**
**2 EL weißer Rum**
**8 EL Pflanzenöl**

**1.** Das Fleisch gegebenenfalls von Haut- und Sehnenresten befreien und in etwa 1 cm große Würfel schneiden. Diese salzen, pfeffern und mit je einer Prise Zimtpulver, Gewürznelken und Kreuzkümmel würzen.

**2.** Die Schalotten und die Knoblauchzehen schälen und fein hacken. Die Chilischoten waschen, trockentupfen, der Länge nach halbieren und fein würfeln. Den Thymian waschen und trockentupfen.

**3.** Die Fleischwürfel zusammen mit Schalotten-, Knoblauch- und Chilischotenstücken, Zitronen- und Orangensaft sowie Rum in einer Schüssel miteinander vermengen. Die Thymianzweige darauflegen und alles mit einer Folie abdecken. Die Fleischwürfel mindestens 6 Stunden, am besten jedoch über Nacht, im Kühlschrank marinieren lassen.

**4.** Die Fleischwürfel zusammen mit der Marinade in einen Topf geben und mit soviel Wasser auffüllen, daß alles bedeckt ist. Die Fleischwürfel bei mittlerer Hitze zugedeckt etwa 45 Minuten garen.

**5.** Die Fleischwürfel mit einem Schaumlöffel aus der Brühe nehmen und auf Küchenkrepp abtropfen lassen. Das Öl in einer Pfanne erhitzen. Die Schweinefleischwürfel in dem heißen Öl von allen Seiten etwa 5 Minuten braten.

### SCHARFE TIPS

- *Reichen Sie zu diesen „scharfen Bissen" verschiedene Dips und Saucen.*
- *Sie können die scharfen Griots auch aus anderen Fleischsorten zubereiten, z. B. aus Hähnchen-, Puten-, Rind- oder Kalbfleisch. Achten Sie jedoch darauf, daß Sie für dieses Gericht mageres Fleisch verwenden, das nur kurze Garzeiten erfordert.*
- *Mit einer Messerspitze Cayennepfeffer oder einem Spritzer Tabascosauce können Sie dem Ganzen noch mehr Schärfe verleihen.*

# Sparerips

## verleiht Schärfe

- *Für 4 Personen*
- *Zubereitung: ca. 1 Std.*
- *ca. 1010 kcal*
- *Dazu passen Pommes frites*

## ZUTATEN

**2 kg einzelne Schweine-
rippchen**

**Salz**

**schwarzer Pfeffer**

**Chilipulver**

**4 EL Honig**

**4 EL Tomatenketchup**

**2 EL Chiliketchup**

**1 EL Sambal Ulek
(Rezept S. 92)**

**8 EL Pflanzenöl**

**1.** Die Schweinerippchen auf allen Seiten mit Salz, Pfeffer und etwas Chilipulver einreiben. Den Backofen auf 220 °C mit Grillstufe vorheizen.

**2.** Für die Sauce den Honig zusammen mit Tomatenketchup, Chiliketchup, Sambal Ulek und 2 Eßlöffel Pflanzenöl in eine Schüssel geben und das Ganze gut miteinander verrühren.

**3.** Die restlichen 6 Eßlöffel Öl in einen Bräter geben und siedend erhitzen. Die Rippchen einzeln in das heiße Öl hineinlegen. Sie von jeder Seite jeweils etwa 5 Minuten kräftig anbraten und wieder herausnehmen.

**4.** Die Schweinerippchen rundherum mit der Sauce bestreichen. Sie auf ein Backblech legen und auf der zweiten Einschubleiste von oben in den Ofen schieben.

**5.** Die Schweinerippchen in etwa 20 Minuten knusprig grillen. Sie dabei mehrmals wenden. Dann die Rippchen zusammen mit der Sauce servieren.

## SCHARFE TIPS

- *Probieren Sie anstelle von Honig doch einmal Ahornsirup oder Zucker aus.*
- *Sie können die Sparerips auch im Ganzen grillen – wesentlich einfacher ist es jedoch, die Rippen gleich einzeln zu schneiden.*
- *Mit der im Rezept beschriebenen scharfen Grillsauce können Sie auch Hähnchenflügel oder -keulen bestreichen.*

## SAMBAL ULEK

*Das indonesische Wort „Sambal" steht für eine küchenfertige Gewürzpaste. Der Zusatz „Ulek" heißt „scharf" und bedeutet, daß Chilis enthalten sind. Es gibt auch andere beliebte Sambals, so etwa Sambak Badjak, das Krabbenpaste enthält, oder das leicht süßlich schmeckende Sambal Manis. Sambals werden in großer Auswahl in Asienläden, gut sortierten Lebensmittelgeschäften oder Lebensmittelabteilungen von Kaufhäusern angeboten.*

# Erdnußfleisch aus dem Wok

- *Für 4 Personen*
- *Zubereitung: ca. 45 Min.*
- *ca. 650 kcal*
- *Dazu paßt Reis*

## ZUTATEN

**500 g Schweineschnitzel**
**schwarzer Pfeffer**
**1 Msp. Cayennepfeffer**
**2 Zweige Koriander**
**je 1 grüne und rote**
  **Paprikaschote**
**1 Schalotte**
**2 Knoblauchzehen**
**ca. 1 cm frische Ingwer-**
  **wurzel**
**2 kleine, orange Chili-**
  **schoten**
**100 g ungesalzene Erd-**
  **nußkerne**
**4 EL Erdnußöl**
**Salz**
**50 g Erdnußcreme (Fertig-**
  **produkt)**
**1/8 l Fleisch- oder**
  **Gemüsebrühe**
**200 g süße Sahne**

**1.** Die Schweineschnitzel in sehr feine, gleichmäßige Streifen schneiden und diese mit Pfeffer und Cayennepfeffer würzen.

**2.** Den Koriander waschen und trockentupfen. Die Blätter abzupfen und kleinschneiden. Die Paprikaschoten waschen, trockentupfen, vierteln, entkernen und in etwa 1 cm große Würfel schneiden. Die Schalotte, die Knoblauchzehen und den Ingwer schälen und fein hacken.

**3.** Die Chilischoten waschen, trockentupfen, der Länge nach halbieren, entkernen und fein würfeln. Die Erdnüsse grob hacken.

**4.** 2 Eßlöffel Erdnußöl im Wok stark erhitzen. Die Fleischstreifen portionsweise hineingeben. Sie auf jeder Seite jeweils etwa 4 Minuten braten, herausnehmen und salzen.

**5.** Die restlichen 2 Eßlöffel Öl in den Wok gießen und erhitzen. Die Schalotten zusammen mit dem Knoblauch, dem Ingwer und den Chilischoten hineingeben und alles unter ständigem Rühren darin andünsten.

**6.** Nun die Paprikastücke und die Erdnüsse unter das Ganze rühren und nach etwa 2 Minuten die Erdnußcreme hinzufügen. Die Brühe und die Sahne angießen und die Erdnußsauce unter ständigem Rühren aufkochen.

**7.** Die Sauce salzen und pfeffern. Die Korianderblätter unterheben und die Fleischstreifen untermengen. Das Erdnußfleisch sofort servieren.

*(auf dem Foto)*

## SCHARFE TIPS

- *Sie können anstelle von Schweinefleisch auch andere Fleischsorten mit kurzen Garzeiten verwenden – etwa Kalb- oder Rindfleisch, Geflügel- oder sogar Lammfleisch.*
- *Die ungesalzenen Erdnüsse bekommen Sie in Asienläden.*
- *Sie können das Gericht mit einigen Spritzern Tabascosauce „verschärfen" – aber vorsichtig, denn diese Pfeffersauce beinhaltet konzentrierte Schärfe. Das einzigartige Pfefferaroma wird dadurch erreicht, daß rote Pfefferschoten bis zu 3 Jahre zusammen mit Essigessenz in Eichenfässern lagern.*

# Paprikaschnitzel

**zum Verwöhnen**

■ *Für 4 Personen*
■ *Zubereitung: ca. 30 Min.*
■ *ca. 410 kcal*
■ *Dazu paßt Butterreis*

## ZUTATEN

**2 Zwiebeln**
**4 Kalbsschnitzel à ca. 180 g**
**1 EL Delikateß-**
**Paprikapulver**
**schwarzer Pfeffer**
**3 EL Pflanzenöl**
**Salz**
**3 EL Butter**
**1 TL Mehl**
**100 ml Fleischbrühe**
**50 g süße Sahne**
**50 g saure Sahne**
**4 mild eingelegte Peperoni**

**1.** Die Zwiebeln schälen und klein würfeln. Die Kalbsschnitzel mit einem Fleischklopfer dünn plattieren. Sie mit etwa $1/4$ Eßlöffel Paprikapulver und mit Pfeffer einreiben.

**2.** Das Öl in einer Pfanne erhitzen. Die Schnitzel darin von jeder Seite etwa 5 Minuten braten. Sie dann herausnehmen, salzen und warm stellen.

**3.** Die Butter in den Bratensatz geben und die Zwiebelwürfel darin andünsten. Das restliche Paprikapulver und das Mehl unter ständigem Rühren einstreuen. Das Ganze mit der Fleischbrühe aufgießen und aufkochen.

**4.** Die Sauce mit der süßen und der sauren Sahne verfeinern und mit Salz, Pfeffer und eventuell Paprikapulver abschmecken. Die Schnitzel mit der Sauce überziehen und jeweils mit 1 Peperoni belegen.

### SCHARFE TIPS

■ *Legen Sie die Schnitzel nicht in die Pfanne zur Sauce, da sie sonst hart werden.*
■ *Mit etwas rosenscharfem Paprikapulver können Sie die Sauce noch schärfer abschmecken. Das Paprikapulver vorsichtig dosieren!*

# Gelbes Hühnercurry

- *Für 4 Personen*
- *Zubereitung: ca. 45 Min.*
- *ca. 340 kcal*
- *Dazu paßt thailändischer Duftreis*

## ZUTATEN

**400 g Hähnchenfilet**
**2 Knoblauchzehen**
**1 grüne Chilischote**
**1/2 Stiel Zitronengras**
**2 Zweige Koriander**
**300 ml Hühnerbrühe**
**100 g ungesüßte Kokosnußpaste im Block**
**2 EL Erdnußöl**
**1 EL gelbe Currypaste (Fertigprodukt)**
**1 EL brauner Zucker**
**2 EL Fischsauce (Fertigprodukt)**
**Salz**
**schwarzer Pfeffer**

**1.** Das Hähnchenfilet gegebenenfalls von Haut- und Sehnenresten befreien. Es unter fließendem Wasser waschen, trockentupfen und in sehr feine Streifen schneiden.

**2.** Die Knoblauchzehen schälen und fein hacken. Die Chilischote waschen, trockentupfen, der Länge nach halbieren, entkernen und fein würfeln.

**3.** Das Zitronengras waschen, trockentupfen und quer in feine Streifen schneiden. Den Koriander waschen und trockentupfen. Die Blätter von den Stielen zupfen und kleinschneiden.

**4.** Nun die Hühnerbrühe in einem Topf aufkochen lassen. Die Kokosnußpaste mit Hilfe eines Messers in die Brühe schaben und unterrühren. Die Kokosnußpaste bei mittlerer Hitze schmelzen lassen.

**5.** Inzwischen das Erdnußöl in einer großen Pfanne mit hohem Rand erhitzen. Die Knoblauch- und die Chiliwürfel dazugeben und unter ständigem Rühren andünsten. Dann die Currypaste hinzufügen und das Ganze unter ständigem Rühren anrösten.

**6.** Anschließend die kokoshaltige Hühnerbrühe zu der Currymischung gießen und alles aufkochen lassen. Die Hähnchenstreifen hineingeben und sie bei kleiner Hitze etwa 5 bis 8 Minuten garen.

**7.** Das Currygericht mit Zucker und Fischsauce würzen sowie mit Salz und Pfeffer abschmecken. Erst zuletzt das Zitronengras sowie das Koriandergrün unterheben.

### SCHARFE TIPS

- *Die asiatischen Zutaten erhalten Sie in Asienläden oder in gut sortierten Lebensmittelabteilungen von Kaufhäusern.*
- *Die Fischsauce verleiht dem Hühnercurry seinen charakteristischen Geschmack, wird allerdings nicht von jedem gut vertragen – gegebenenfalls müssen Sie auf dieses Würzmittel verzichten. Die spezifische Würze der Fischsauce ist jedoch schwer zu ersetzen, am besten eignen sich hierfür Reiswein und Sojasauce. Zusammen verwendet lassen sie das Gericht typisch asiatisch schmecken.*

# Gefüllte Tortillas

**aus Mexiko**

- *Für 4 Personen*
- *Zubereitung:*
  *ca. 1 Std. 30 Min.*
- *ca. 1060 kcal*
- *Dazu paßt gemischter Salat*

## ZUTATEN

**400 g Hähnchenfilet**

**1 Zwiebel**

**2 Knoblauchzehen**

**4 kleine, grüne Chilischoten**

**3 EL Pflanzenöl**

**Salz**

**schwarzer Pfeffer**

**Chilipulver**

**1 EL Tomatenmark**

**1/8 l Hühnerbrühe**

**ca. 250 g Kidneybohnen**
  **aus der Dose**

**8 Tortillas (Fertigprodukt)**

**100 g frisch geriebener**
  **Parmesan**

**1.** Das Hähnchenfilet gegebenenfalls von Haut- und Sehnenresten befreien. Es unter fließendem Wasser waschen, trockentupfen und in kleine Würfel schneiden.

**2.** Die Zwiebel und die Knoblauchzehen schälen und fein hacken. Die Chilischoten waschen, trockentupfen und der Länge nach halbieren. Sie entkernen und fein würfeln.

**3.** Das Pflanzenöl in einem großen Topf erhitzen. Die Zwiebel- und Knoblauchstückchen zusammen mit den Chiliwürfeln unter ständigem Rühren darin anschwitzen. Die Fleischwürfel hinzufügen und diese bei großer Hitze von allen Seiten braten. Das Ganze salzen, pfeffern und mit dem Chilipulver kräftig abschmecken.

**4.** Das Tomatenmark zu der Fleischmischung geben und alles etwa 2 Minuten anrösten. Die Hühnerbrühe angießen und die Kidneybohnen zusammen mit dem Saft einrühren. Das Chili bei kleiner Hitze etwa 15 Minuten offen köcheln lassen. Inzwischen den Backofen auf 180 °C vorheizen.

**5.** Die Tortillas auf ein Backblech legen und etwa 5 Minuten in den Backofen schieben, damit sie warm und weich werden.

**6.** Jeweils eine Tortillahälfte mit Hühnerchili belegen und dieses mit Parmesan bestreuen. Dann die andere Teighälfte darüberklappen.

*(auf dem Foto)*

### SCHARFER TIP

- *Gefüllte Tortillas gibt es in allen Varianten. Sie können z. B. Ihre persönlichen Tortillas mit restlichem Chili con Carne mit Käse oder mit gegrilltem Huhn und Maiskörnern füllen – probieren Sie einfach aus, was Ihnen und Ihren Gästen am besten schmeckt.*

# Hähnchen im Korb

- *Für 4 Personen*
- *Zubereitung: ca. 45 Min.*
- *ca. 870 kcal*
- *Dazu paßt ein bunter Salat*

## ZUTATEN

**2 küchenfertige Hähnchen**

**Salz**

**schwarzer Pfeffer**

**edelsüßes Paprikapulver**

**100 g Mehl**

**$1/2$ TL rosenscharfes**
**Paprikapulver**

**2 Eier**

**5 EL Milch**

**150 g Paniermehl**

**1 l Pflanzenöl oder 1 kg**
**Fritierfett**

**1.** Die Hähnchen waschen, trockentupfen und jeweils in 4 Portionsstücke schneiden. Diese häuten, entbeinen und mit Salz, Pfeffer und edelsüßem Paprikapulver einreiben.

**2.** Das Mehl zusammen mit dem rosenscharfem Paprikapulver versieben.

**3.** Die Eier zusammen mit der Milch in eine Schüssel geben und alles glatt miteinander verrühren. Das Paniermehl auf einen Teller geben.

**4.** Die Geflügelteile zuerst in dem Mehl wenden, dann durch die Eiermischung ziehen und zuletzt im Paniermehl wenden.

**5.** Das Öl oder Fritierfett in einem großen Topf oder einer Friteuse auf 180 °C erhitzen. Die Geflügelstücke hineingeben und im Fett schwimmend in etwa 15 Minuten goldbraun knusprig backen. Sie herausnehmen, auf Küchenkrepp entfetten und in einem mit Servietten ausgelegten (Brot)korb anrichten.

### SCHARFE TIPS

- *Reichen Sie dazu Chiliketchup oder Currysauce.*
- *Die Zubereitung ist noch einfacher, wenn Sie für dieses Gericht nur Hähnchenkeulen verwenden.*

# Tacos mit Putenfleisch

## vielseitig abwandelbar

- *Für 4 Personen*
- *Zubereitung: ca. 30 Min.*
- *ca. 430 kcal*

### ZUTATEN

**2 Fleischtomaten**

**1 große Zwiebel**

**4 Blätter Eisbergsalat**

**1 Knoblauchzehe**

**1 kleine, rote Chilischote**

**200 g Maiskörner (aus der Dose)**

**300 g Putenschnitzel**

**Salz**

**schwarzer Pfeffer**

**1 Msp. Cayennepfeffer**

**2 EL Pflanzenöl**

**8 Tacoschalen (Fertigprodukt)**

**4 EL Tacosauce (Fertigprodukt)**

**100 g saure Sahne**

**100 g frisch geriebener Gouda**

**1.** Die Tomaten über Kreuz einritzen, kurz überbrühen, abschrecken und enthäuten. Sie von den Stielansätzen befreien, entkernen und würfeln. Die Zwiebel schälen und fein hacken. Die Salatblätter waschen, trockentupfen und in Streifen schneiden.

**2.** Knoblauch schälen und hacken. Die Chilischote waschen, trockentupfen und längs halbieren. Sie entkernen und fein würfeln. Die Maiskörner abtropfen lassen.

**3.** Die Putenschnitzel waschen, trockentupfen, in dünne Streifen schneiden und mit Salz, Pfeffer und Cayennepfeffer würzen. Den Ofen auf 200 °C vorheizen.

**4.** Das Öl in einer Pfanne erhitzen. Die Knoblauch-, Chili- und Zwiebelwürfel darin anschwitzen. Die Putenstreifen hinzufügen, von allen Seiten anbraten und herausnehmen.

**5.** Die Tacoschalen auf ein Backblech legen und für etwa 4 Minuten im Ofen erwärmen. Sie wieder herausnehmen und mit dem angeschwitzten Gemüse, Salatstreifen, Tomatenwürfeln, Maiskörnern und Fleisch belegen.

**6.** Die Putenfüllung zuerst mit der Tacosauce und dann mit der sauren Sahne überziehen, abschließend den Käse darüberstreuen. Die gefüllten Tacos sofort servieren.

### SCHARFE TIPS

- *Sollten Sie zu einem mexikanischem Abend einladen, so servieren Sie die Zutaten alle separat in Schüsselchen. Jeder Gast kann sich so nach Belieben sein Taco füllen.*
- *Servieren Sie dazu stilecht mexikanisches Bier Corona mit einem Zitronenschnitz.*

### TACOSAUCE

*Tacosaucen, unabdingbare Zutat für die immer beliebteren Tex-Mex-Gerichte, werden in verschiedensten Geschmacksvarianten angeboten – von mild bis höllisch-scharf. Die Zusammensetzung ihrer Grundbasis aus Tomatenpüree, Chilischoten (z. B. Jalapeño-Chili), Zucker, Essig, Zwiebeln, Salz und Wasser sowie weiterer Zutaten entscheidet über Geschmack und Schärfegrad.*

# Paella

- *Für 4 Personen*
- *Zubereitung:*
  *ca. 1 Std. 30 Min.*
- *ca. 1180 kcal je Portion*

## ZUTATEN

**1 große Zwiebel**

**4 Knoblauchzehen**

**200 g Chorizowurst
  (ersatzweise scharfe
  Dauerwürstchen)**

**4 kleine, rote Chilischoten**

**je 1 grüne und rote
  Paprikaschote**

**4 Hähnchenschenkel**

**Salz**

**schwarzer Pfeffer**

**1 Msp. rosenscharfes
  Paprikapulver**

**5 EL kaltgepreßtes Olivenöl**

**500 g Langkornreis**

**1/8 l Weißwein**

**2 Döschen Safran (à 0,2 g)**

**1 l Fleischbrühe**

**500 g frische Miesmuscheln**

**2 unbehandelte Zitronen in
  Scheiben**

**1.** Die Zwiebel und die Knoblauchzehen schälen und fein würfeln. Die Würste pellen und in Scheiben schneiden. Die Chili- und Paprikaschoten waschen, trockentupfen und entkernen. Die Chilischoten fein würfeln, die Paprikaschoten in etwa 1 cm große Stücke schneiden.

**2.** Die Hähnchenschenkel waschen, trockentupfen und mit Salz, Pfeffer und Paprikapulver einreiben. Den Backofen auf 200 °C vorheizen.

**3.** 2 1/2 Eßlöffel Öl in einer Paellapfanne oder einem großen Bräter erhitzen. Die Hähnchenschenkel hineingeben, auf beiden Seiten je 3 Minuten scharf anbraten und wieder herausnehmen. Das restliche Öl in den Bratensatz gießen. Zwiebel-, Knoblauch-, Chili- und Paprikastücke dazugeben und unter ständigem Rühren darin anbraten. Den Reis einstreuen und alles kräftig anrösten.

**4.** Den Gemüsereis mit dem Weißwein ablöschen. Den Safran einrühren. Alles salzen und pfeffern, mit der Fleischbrühe aufgießen und aufkochen. Die Hähnchenschenkel dazugeben. Das Ganze auf der mittleren Einschubleiste etwa 20 Minuten garen.

**5.** Die Muscheln unter fließend kaltem Wasser waschen und bürsten. Die Bärte entfernen und geöffnete Muscheln wegwerfen. Die Muscheln in 1/2 l kochendes Salzwasser geben und zugedeckt so lange kochen, bis sie sich öffnen. Sie in ein Sieb abgießen, geschlossene Muscheln wegwerfen.

**6.** Den Ofen ausschalten. Die Muscheln und Wurstscheiben zur Paella geben. Sie etwa 15 Minuten im Ofen nachziehen lassen, vor dem Servieren mit Zitronenscheiben garnieren.

### SCHARFER TIP

- *Das spanische Wort Paella heißt übersetzt „Topf". In diesem Topf kocht man in Spanien verschiedene Versionen – luxuriös mit Hummer oder Languste, einfacher mit Fischresten und viel Gemüse. Doch eines haben alle Varianten gemeinsam: die kräftigen Würzbeigaben und die schöne safrangelbe Farbe.*

# Karibische Garnelenspieße

**fruchtig-scharf**

- *Für 4 Personen*
- *Zubereitung: ca. 45 Min.*
- *ca. 240 kcal*
- *Dazu paßt Reis*

## ZUTATEN

**8 große Tiefseegarnelen**
**Salz**
**schwarzer Pfeffer**
**Saft von 1 Limette**
**Tabascosauce**
**1 kleine Zwiebel**
**1 kleine, rote Chilischote**
**1 grüne Paprikaschote**
**5 EL Butter**
**1 EL brauner Zucker**
**100 ml Tomatensaft**
**100 g frische, reife Ananas**

**1.** Die Garnelen ausbrechen. Dazu die Krusten mit beiden Händen an der Unterseite anfassen und auseinanderziehen. Das Fleisch vorsichtig aus den Krusten herausnehmen. Die Garnelen mit einem scharfen Küchenmesser der Länge nach halbieren und die dunklen Darmfäden entfernen. Die Garnelenhälften unter fließend kaltem Wasser waschen und mit Küchenkrepp trockentupfen.

**2.** Das Garnelenfleisch salzen, pfeffern, mit dem Limettensaft und etwas Tabascosauce beträufeln. Je 2 Garnelenhälften der Länge nach auf einen Spieß stecken.

**3.** Die Zwiebel schälen und fein hacken. Die Chilischote waschen, trockentupfen, der Länge nach halbieren, entkernen und fein würfeln. Die Paprikaschote waschen, trockentupfen, vierteln, entkernen und in etwa 1 cm große Würfel schneiden.

**4.** 2 $^1/_2$ Eßlöffel Butter in einer Pfanne erhitzen. Die Garnelen darin auf jeder Seite etwa 2 Minuten braten und wieder herausnehmen.

**5.** Die restliche Butter in den Bratensatz gleiten lassen und die Zwiebel- und Chiliwürfel darin andünsten. Die Paprikastücke hinzufügen und nach 1 Minute den Zucker darüberstreuen. Sobald der Zucker aufgelöst ist, den Tomatensaft zugießen.

**6.** Die Sauce mit Salz, Pfeffer und einigen Spritzern Tabascosauce abschmecken. Die Ananas schälen, dabei die „braunen Augen" entfernen. Sie in feine Streifen schneiden und in die Sauce rühren. Je 2 Garnelenspieße auf 1 Teller geben und mit der Sauce überziehen.

### SCHARFE TIPS

- *Die Ananas sollte auf jeden Fall reif sein. Ersatzweise können Sie auch auf Ananasecken aus der Dose zurückgreifen, die Sie zusammen mit 3 Eßlöffel Saft verwenden. Auf diese Weise ist das Fruchtfleisch weicher und süßer.*
- *Stecken Sie zwischen den Garnelenhälften je eine frische Chilischote auf den Spieß. Das gibt zusätzlich noch Schärfe und ist sehr dekorativ.*

# Tintenfische in Tomatensauce

- *Für 4 Personen*
- *Zubereitung: ca. 1 Std.*
- *ca. 460 kcal*
- *Dazu paßt Reis*

## ZUTATEN

**600 g rohe Tintenfischringe**
**100 g Mehl**
**2 Fleischtomaten**
**2 große Zwiebeln**
**2 Knoblauchzehen**
**2 kleine, rote Chilischoten**
**1 rote Paprikaschote**
**1/2 Bund glatte Petersilie**
**6 EL kaltgepreßtes Olivenöl**
**1/4 l trockener Weißwein**
**1 Lorbeerblatt**
**1 Zweig Thymian**
**1 Msp. gemahlener Kümmel**
**Salz**
**schwarzer Pfeffer**

**1.** Die Tintenfischringe unter fließend kaltem Wasser waschen und mit Küchenkrepp trockentupfen. Die Tintenfische in Mehl wenden.

**2.** Die Tomaten über Kreuz einritzen, kurz überbrühen, abschrecken und enthäuten. Sie von den Stielansätzen befreien, entkernen und klein würfeln.

**3.** Die Zwiebeln und die Knoblauchzehen schälen und fein hacken. Die Chilischoten waschen, trockentupfen, der Länge nach halbieren, entkernen und fein würfeln.

**4.** Die Paprikaschote waschen, trockentupfen, vierteln und entkernen. Die Paprikaviertel in etwa 1 cm große Stücke schneiden. Die Petersilie waschen und trockentupfen. Die Blätter von den Stielen zupfen und grob kleinschneiden.

**5.** Das Olivenöl in einem großen Topf oder in einer Pfanne mit hohem Rand erhitzen. Das Zwiebel-Knoblauch-Gemisch, die Chilis und die Paprikastücke hineingeben und unter ständigem Rühren im heißen Öl kurz anschwitzen.

**6.** Die Tomatenstücke hinzufügen und das Ganze etwa 5 Minuten dünsten. Das Gemüse mit dem Weißwein aufgießen und das Lorbeerblatt sowie den Thymianzweig hinzufügen. Das Ganze mit dem Kümmel, Salz und Pfeffer würzen und aufkochen lassen.

**7.** Sobald die Tomatensauce aufkocht, die Tintenfischringe hineingeben. Sie bei kleiner Hitze etwa 20 Minuten leise schmoren lassen. Kurz vor Ende der Garzeit die Petersilie einrühren.

*(auf dem Foto)*

## SCHARFE TIPS

- *Anstelle von Tintenfischen können Sie auch Garnelen, Fischfilet oder Muscheln verwenden.*
- *Die Tomatensauce wird noch feiner, wenn Sie eine Prise Safran beigeben.*

# Fish and Chips

### aus England

■ *Für 4 Personen*
■ *Zubereitung: ca. 1 Std.*
■ *ca. 980 kcal*

## ZUTATEN

**800 g festes Fischfilet**
  **(z. B. Seelachs, Seehecht,**
  **Dorsch)**
**Salz**
**schwarzer Pfeffer**
**Saft von ¹/₂ Zitrone**
**Tabascosauce**
**1 Ei, 150 g Mehl**
**150 ml trockener Weißwein**
**4 EL Sherry Fino**
**1 kg Kartoffeln**
**1 kg Fritierfett**
**rosenscharfes Paprika-**
  **pulver**

**1.** Das Fischfilet waschen, trockentupfen und in schmale Streifen schneiden. Diese salzen, pfeffern und in eine Schüssel legen. Sie mit Zitronensaft und einigen Spritzern Tabascosauce würzen.

**2.** Das Ei trennen. Das Mehl zusammen mit Wein, Sherry, Eigelb und etwas Salz in einer Schüssel mit dem Knethaken eines Handrührgeräts zu einen dickflüssigen Teig verarbeiten. Das Eiweiß steifschlagen und darunterheben.

**3.** Die Kartoffeln schälen und in sehr feine Scheiben schneiden. Sie kalt abwaschen, abtropfen lassen und trockentupfen.

**4.** Den Backofen auf 100 °C vorheizen. Das Fritierfett in einem Topf oder in einer Friteuse auf 180 °C erhitzen.

**5.** Die Fischstreifen durch den Teig ziehen und portionsweise im siedenden Fett etwa 2 Minuten goldgelb fritieren. Sie wieder herausnehmen, in eine Schüssel geben und im Backofen warm stellen.

**6.** Die Kartoffelscheiben im Fett schwimmend etwa 1 Minute zu goldbraunen Chips ausbacken. Sie herausnehmen, in eine Schüssel geben und im Ofen warm stellen. Die Chips vor dem Servieren mit Salz, Pfeffer und Paprikapulver würzen.

# Kanarischer Fischtopf

## raffiniert

- *Für 4 Personen*
- *Zubereitung:*
  *ca. 1 Std. 30 Min.*
- *ca. 480 kcal*

### ZUTATEN

**600 g Fischfilet (z. B. Kabel-**
**jau, Heilbutt, Thunfisch**
**oder Schwertfisch)**
**Salz**
**schwarzer Pfeffer**
**2 große Zwiebeln**
**4 Knoblauchzehen**
**2 rote Pfefferschoten**
**1/2 Bund glatte Petersilie**
**1 kg Kartoffeln**
**5 EL kaltgepreßtes Olivenöl**
**1 TL edelsüßes Paprika-**
**pulver**
**1 Döschen Safran (à 0,2 g)**
**1/2 TL Kümmel**
**1/8 l Weißwein**
**1/4 l Gemüsebrühe**
**1 Lorbeerblatt**

**1.** Fischfilet waschen, trockentupfen, in Stücke schneiden, mit Salz und Pfeffer würzen.

**2.** Die Zwiebeln schälen und in Streifen schneiden. Die Knoblauchzehen schälen und fein hacken. Die Pfefferschoten waschen, trockentupfen, längs halbieren, entkernen und fein würfeln. Die Petersilie waschen und trockentupfen. Die Blätter abzupfen und grob kleinschneiden.

**3.** Die Kartoffeln schälen, vierteln und in kochendem Salzwasser etwa 10 Minuten vorgaren. Das Öl in einem Topf erhitzen und darin die Zwiebelstreifen etwa 10 Minuten andünsten.

**4.** Knoblauch, Pfefferschoten, Paprikapulver, Safran und Kümmel unter die Zwiebelstreifen rühren. Das Ganze etwa 5 Minuten dünsten, mit dem Weißwein sowie der Brühe aufgießen, salzen und pfeffern.

**5.** Die Kartoffeln, das Lorbeerblatt und die Petersilie in den Zwiebeltopf geben. Die Fischstücke darauf legen und bei kleiner Hitze etwa 10 Minuten garen.

## SCHARFER TIP

- *Sie können diesen köstlichen Fischtopf auf verschiedene Weisen zubereiten, z. B.:*
*1. Das Zwiebelgemüse zusammen mit den rohen Fischstücken und den halbgaren Kartoffeln in eine Auflaufform geben und im Ofen in etwa 20 Minuten fertig garen.*
*2. Den Fischtopf wie beschrieben zubereiten, jedoch gebratene Fischstücke auf das Zwiebelgemüse geben.*

## SAFRAN

*Safran wird aus der gleichnamigen, zur Gattung der Schwertliliengewächse gehörenden Krokuspflanze gewonnen. Von den Blüten erntet man die hellorangefarbenen Narben und den Teil des Griffels, der sich beim Herausziehen mit ihnen löst. Nach dem Trocknen erhält man das „teuerste Gewürz" der Welt.*

# Wan Tan

- *Für etwa 20 Teigtaschen*
- *Zubereitung:*
  *ca. 1 Std. 10 Min.*
  *(plus ca. 20 Min. Ruhezeit)*
- *ca. 370 kcal pro Tasche*
- *Dazu passen Dips*

## ZUTATEN

**4 getrocknete Mu-Err Pilze**
  **(chinesische Morcheln)**
**250 g Mehl**
**2 Karotten**
**1 Stange Lauch**
**1 Zucchini**
**2-3 EL süß-saure Chilisauce**
  **(Fertigprodukt)**
**1 EL Sojasauce**
**schwarzer Pfeffer**
**Mehl für die Arbeitsfläche**
**20 dünn geschnittene**
  **Lauchstreifen**
**20 rote, grüne und orange-**
  **farbene Chilischoten**

**1.** Die Pilze mit heißem Wasser begießen und etwa 15 Minuten quellen lassen.

**2.** Inzwischen das Mehl auf eine Arbeitsfläche sieben und es zusammen mit $1/8$ l Wasser zu einem elastischen Teig kneten. Den Teig zu einer Kugel formen, in Klarsichtfolie wickeln und etwa 20 Minuten ruhen lassen.

**3.** Das Gemüse putzen, waschen und trockentupfen. Die Karotte schälen. Den Lauch, Zucchini und die Karotte in sehr feine Würfel schneiden. Die Pilze abtropfen lassen, vorsichtig ausdrücken und kleinschneiden.

**4.** Die Gemüsewürfel zusammen mit den Pilzen, der Chilisauce, der Sojasauce und etwas Pfeffer in eine Schüssel geben und alles miteinander vermengen. Den Teig auf einer bemehlten Arbeitsfläche mehrmals durchkneten und zu einer Rolle formen.

**5.** Von der Teigrolle etwa 20 dünne Scheiben abschneiden. Jede Teigscheibe dünn auswellen und auf die Handfläche legen. Jeweils auf die Teigmitte 1 Eßlöffel der Gemüsefüllung geben. Die

Teigränder nach oben formen und fest zusammendrücken.

**6.** Die Teigtaschen mit einem Lauchstreifen zubinden und die Teigränder überhängen lassen. Zum Garnieren in die Teigtaschen je 1 Chilischote stecken.

**7.** In einem großen Topf soviel Wasser aufkochen, daß der Siebeinsatz mit dem Wasser nicht in Berührung kommt. Die Teigtaschen portionsweise auf das Sieb geben, den Topf mit einem Deckel verschließen und die Wan Tan 8 bis 10 Minuten dämpfen.

*(auf dem Foto)*

## SCHARFE TIPS

- *Dieses Gericht läßt sich am besten in einem Wok mit Bambuskörbchen zubereiten. Sie können damit vor den Gästen kochen, und jeder nimmt sich seine Teigtasche.*
- *Verzehren Sie die gedämpften Teigtaschen sofort nach der Zubereitung, da sie schnell zusammenfallen.*

# Paprika-Tomaten-Gemüse

### aus Italien

- *Für 4 Personen*
- *Zubereitung: ca. 45 Min.*
- *ca. 270 kcal*
- *Dazu paßt frisches Weißbrot*

## ZUTATEN

**500 g Tomaten**
**1/2 Bund Petersilie**
**2 rote Paprikaschoten**
**2 grüne Paprikaschoten**
**2 kleine, grüne Chilischoten**
**1 kleine, rote Chilischote**
**1 Zwiebel**
**2 Knoblauchzehen**
**8 EL kaltgepreßtes Olivenöl**
**Salz**
**schwarzer Pfeffer**

**1.** Die Tomaten über Kreuz einritzen, etwa 15 Sekunden überbrühen, abschrecken und enthäuten. Sie von den Stielansätzen befreien und in kleine Würfel schneiden.

**2.** Die Petersilie waschen und trockentupfen. Die Blätter abzupfen und grob hacken. Die Paprikaschoten waschen, trockentupfen, vierteln, entkernen und in feine Streifen schneiden.

**3.** Die Chilischoten waschen und trockentupfen. 2 Chilischoten längs halbieren, entkernen und fein würfeln. Die Zwiebel und die Knoblauchzehen schälen und in Streifen schneiden.

**4.** Das Öl in einer großen Pfanne mit hohem Rand erhitzen. Die Zwiebel- und die Knoblauchstreifen darin etwa 5 Minuten anschwitzen. Die Paprikastreifen und die Chiliwürfel hinzufügen und unter mehrmaligem Rühren etwa 5 Minuten dünsten.

**5.** Die Tomatenwürfel, die ganze Chilischote und die Petersilie unter das Paprikagemüse rühren. Das Ganze mit Salz und Pfeffer würzen. Das Gemüse bei kleiner Hitze zugedeckt etwa 20 Minuten schmoren lassen.

# Kartoffelgulasch

- *Für 4 Personen*
- *Zubereitung: ca. 1 Std.*
- *ca. 500 kcal*
- *Dazu paßt gemischter Salat*

## ZUTATEN

**2 Zwiebeln**

**2 Knoblauchzehen**

**1 ¹/₄ kg Kartoffeln**

**4 EL Pflanzenöl**

**1 EL edelsüßes Paprika-
    pulver**

**1 EL Essig**

**1 ¹/₄ l Gemüsebrühe**

**2 Lorbeerblätter**

**¹/₂ TL gemahlener Kümmel**

**1 Msp. rosenscharfes
    Paprikapulver**

**1 EL gerebelter Majoran**

**Salz**

**schwarzer Pfeffer**

**1 Kästchen Gartenkresse**

**50 g Crème fraîche**

**4 EL saure Sahne**

**1.** Zwiebeln und Knoblauchzehen schälen und fein hak-
ken. Die Kartoffeln schälen,
waschen und in etwa 1 cm
große Würfel schneiden.

**2.** Das Öl in einem großen
Topf erhitzen, Zwiebeln und
Knoblauch darin andünsten.
Das Ganze mit edelsüßem Pa-
prikapulver bestäuben. Alles
gut verrühren und mit dem
Essig ablöschen.

**3.** Die Gemüsebrühe angießen, Lorbeerblätter, Kümmel,
rosenscharfes Paprikapulver
und Majoran einrühren. Das
Ganze aufkochen lassen und
die Kartoffelstücke sofort in
die kochende Brühe geben.
Den Kartoffelgulasch salzen,
pfeffern und bei geringer
Hitze zugedeckt etwa 25 Minuten offen köcheln lassen.

**4.** Die Kresse abschneiden,
waschen und gut abtropfen
lassen. Den Kartoffelgulasch
mit der Crème fraîche verfeinern und nochmals mit Salz,
Pfeffer und den beiden Papri-
kasorten abschmecken. Den
Gulasch auf 4 tiefe Teller verteilen. Je 1 Eßlöffel saure Sahne darauf geben und das
Ganze vor dem Servieren mit
der Kresse bestreuen.

## SCHARFE TIPS

- *Für einen echten „Erdäpfel-
gulasch" aus Österreich braten
Sie zusammen mit den Zwiebeln
150 g Speckwürfel an.*
- *Sie können unter die Kartoffeln auch 200 g Rosenkohlrös-
chen, Karotten- oder Zucchinischeiben mischen.*
- *Sollten Sie den Gulasch etwas
sämiger bevorzugen, so reiben
Sie bei der Zugabe der Kartoffeln eine rohe Kartoffel ganz
fein in die Brühe.*
- *Der Gulasch wird noch schärfer, wenn Sie eine ganze, kleine
Chilischote mitkochen. Die
Schote kurz vor dem Servieren
entfernen!*

## KARTOFFEL

*Die Knollenpflanze aus der
Familie der Nachtschatten-
gewächse ist eine der wichtigsten Nutzpflanzen.
Wichtigste Unterscheidungs-
merkmale bei Speisekartoffeln
sind Reifezeitpunkt (frühe,
mittelfrühe, mittelspäte oder
späte Sorten) und Kocheigen-
schaft (festkochende, vorwiegend festkochende und meh-
ligkochende Sorten).*

# Überbackene Auberginen

## gut vorzubereiten

- *Für 4 Personen*
- *Zubereitung: ca. 1 Std.*
  *(plus ca. 30 Min. Ruhezeit)*
- *ca. 370 kcal je Portion*

## ZUTATEN

**1 kg Auberginen**
**Salz**
**2 große Fleischtomaten**
**2 kleine, rote Chilischoten**
**1 große Zwiebel**
**2 Knoblauchzehen**
**2 große, rote, spitzzulau-**
  **fende Pfefferschoten**
**6 EL kaltgepreßtes Olivenöl**
**schwarzer Pfeffer**
**1 EL gerebelter Oregano**
**3-4 EL gehackte, glatte**
  **Petersilie**
**150 g frisch geriebener**
  **Parmesan**

**1.** Die Auberginen waschen, von den Stielansätzen befreien und der Länge nach in etwa $1/2$ cm dicke Scheiben schneiden. Diese nebeneinander in eine große Schüssel legen, mit kaltem Salzwasser begießen und etwa 30 Minuten ziehen lassen.

**2.** Inzwischen die Tomaten über Kreuz einritzen, kurz überbrühen, abschrecken und enthäuten. Sie vierteln, von den Stielansätzen befreien, entkernen und fein würfeln. Die Chilischoten waschen, trockentupfen, längs halbieren, entkernen und fein würfeln. Die Zwiebel und die Knoblauchzehen schälen und fein hacken.

**3.** Den Backofen auf 200 °C vorheizen. Die Pfefferschoten waschen, trockentupfen, längs halbieren, entkernen und in schmale Streifen schneiden. Die Auberginen aus dem Wasser nehmen und trockentupfen.

**4.** Eine Auflaufform mit 1 Eßlöffel Olivenöl ausfetten. Eine Lage Auberginenscheiben hineingeben und diese mit Salz, Pfeffer und Oregano würzen. Die Auberginen mit etwas Petersilie, Chili-, Tomaten-, Zwiebel- und Knoblauchwürfeln sowie Pfefferschotenstreifen bedecken und anschließend mit Parmesan bestreuen.

**5.** Abwechselnd Auberginenscheiben und Gemüse aufeinander schichten, bis alle Zutaten aufgebraucht sind. Dabei auf jede Gemüseschicht Parmesan geben. Die letzte Lage dick mit Parmesan bestreuen und abschließend mit 5 Eßlöffel Olivenöl beträufeln. Das Ganze etwa 45 Minuten auf der mittleren Einschubleiste im Ofen backen und in der Form servieren.

## SCHARFE TIPS

- *Wenn Sie die Auberginenscheiben von beiden Seiten in Olivenöl anbraten und erst dann in die Form schichten, wird der Geschmack des Öls und der Auberginen noch intensiviert.*
- *Sie können dieses schmackhafte Gericht variieren, indem Sie 50 g Crème fraîche zusammen mit 50 g Sahne und 50 g Parmesan gut vermischen und das Ganze auf die oberste Lage geben.*

# Warmes Chilibad mit Gemüse

- *Für 4 Personen*
- *Zubereitung: ca. 45 Min.*
- *ca. 790 kcal*

## ZUTATEN

*Für die Dipzutaten*

**1 Bund junge Karotten**
**1 Zucchini**
**200 g Champignons**
**200 g Fenchel**
**4 Stangen Staudensellerie**
**240 g eingelegte Arti-
schockenherzen (aus dem
Glas)**
**1 Baguette**
**100 g schwarze und grüne
Oliven**

*Für das Chilibad*

**1 Schalotte**
**2 Knoblauchzehen**
**3 kleine, rote Chilischoten**
**1/2 Bund glatte Petersilie**
**100 ml kaltgepreßtes
Olivenöl**
**250 g süße Sahne**
**100 ml Gemüsebrühe**

**1.** Das Karottengrün entfernen, die Ansätze dekorativ zurechtschneiden. Die Karotten schälen, waschen und trockentupfen. Die Zucchini putzen, waschen, längs vierteln und in etwa 1 cm große Stücke schneiden.

**2.** Die Champignons putzen, waschen, trockentupfen und je nach Größe gegebenenfalls halbieren. Den Fenchel und den Sellerie putzen, waschen, trockentupfen und in gleichgroße, mundgerechte Stücke schneiden.

**3.** Die Artischockenherzen abtropfen lassen und halbieren. Das Baguette in etwa 2 cm große Stücke schneiden und in einen Brotkorb geben. Das vorbereitete Gemüse, die Pilze und die Oliven in Schüsselchen verteilen und zusammen mit dem Brot auf dem Tisch bereitstellen.

**4.** Schalotte und Knoblauch schälen und fein hacken. Die Chilischoten waschen und trockentupfen. 2 Chilischoten längs halbieren, entkernen und fein würfeln. Die Petersilie verlesen und waschen. Die Blätter abzupfen und grob hacken.

**5.** 4 Eßlöffel Öl in einem Topf erhitzen und darin unter ständigem Rühren die Schalotten-, Knoblauch- und Chiliwürfel andünsten. Alles mit dem restlichen Öl, Sahne und Brühe aufgießen.

**6.** Die ganze Chilischote und die Petersilie in die Brühe geben. Die Brühe etwa 5 Minuten leise köcheln lassen, in einen Fonduetopf füllen und auf einen Rechaud am Tisch bereit stellen. Die Gemüse- und die Brotstücke einzeln oder zusammen auf Fonduegabeln stecken und in das warme Chilibad tauchen.

*(auf dem Foto)*

### SCHARFE TIPS

- *Das Chilibad ist eine Abwandlung des italienischen Fondues „Bagna Cauda". Wenn Sie das Ganze nach Originalrezept zubereiten möchten, dünsten Sie 100 g eingelegte, entgrätete und fein gehackte Sardellenfilets zusammen mit 2 Knoblauchzehen an und gießen das Ganze mit Olivenöl auf.*
- *Variieren Sie das Rezept z. B. mit Ihrem Lieblingsgemüse der Saison oder mit Kartoffel- oder Gurkenstücken.*

# Käseschoten

- *Für 4 Personen*
- *Zubereitung: ca. 45 Min.*
- *ca. 1180 kcal*
- *Dazu paßt knuspriges Brot*

## ZUTATEN

**16 Pfefferschoten**
**300 g junger Emmentaler**
**300 g junger Gouda**
**2 Eier**
**100 g Mehl**
**$^1/_8$ l helles Bier**
**Salz**
**1 TL kaltgepreßtes Olivenöl**
**1 l Pflanzenöl oder**
  **1 kg Fritierfett**

**1.** Den Backofen auf 240 °C vorheizen. Die Pfefferschoten waschen, trockentupfen und auf der mittleren Einschubleiste auf einen Gitterrost legen.

**2.** Sobald die Pfefferschoten nach etwa 10 Minuten Blasen werfen und sich dunkel färben, sie herausnehmen und enthäuten. Sie seitlich längs einschneiden und dabei entkernen.

**3.** Beide Käsesorten in etwa $^1/_2$ cm große Würfel schneiden und die Pfefferschoten damit füllen. Die seitlichen Schlitze jeweils mit einem hölzernen Zahnstocher feststecken.

**4.** Die Eier trennen. Die Eiweiße steifschlagen. Die Eigelbe zusammen mit Mehl, Bier, 1 Prise Salz und Öl zu einem dickflüssigen Teig verrühren, zuletzt den Eischnee unterziehen.

**5.** Das Öl oder Fritierfett auf 180 °C erhitzen. Die Schoten einzeln durch den Teig ziehen und im Fett schwimmend in etwa 5 Minuten goldgelb backen.

### SCHARFER TIP

- *Sie können auch andere Käsesorten gemischt oder einzeln verwenden, z. B. Leerdamer und/oder Appenzeller.*

# *Pizza mit Peperoni*

## Mitnehmen geeignet

- *Für 4 Personen*
- *Zubereitung: ca. 45 Min.*
  *(plus ca. 1 Std. Ruhezeit)*
- *ca. 780 kcal*

### ZUTATEN

*Für den Teig*

**400 g Mehl**
**1 Hefewürfel (ca. 40 g)**
**Zucker**
**1 EL kaltgepreßtes Olivenöl**
**1 TL Salz**

*Für den Belag*

**4 Knoblauchzehen**
**1 Paprikaschote**
**200 g frische Champignons**
**200 g Zucchini**
**16 mild eingelegte**
  **Peperoni**
**240 g geschälte Tomaten**
  **(aus der Dose)**
**Salz**
**schwarzer Pfeffer**
**1 TL gerebelte italienische**
  **Kräutermischung**
**250 g frisch gehobelter**
  **Parmesan**

*Außerdem*

**4 EL kaltgepreßtes Olivenöl**
  **für das Backblech und**
  **zum Beträufeln der Pizzen**

**1.** Für den Vorteig das Mehl in eine Schüssel sieben und in die Mitte eine Mulde drücken. Die Hefe zerbröseln und zusammen mit 1 Prise Zucker in die Mulde streuen. Hefe und Zucker zusammen mit etwa 150 ml lauwarmem Wasser verrühren und mit Mehl bestäuben. Den Vorteig an einem gleichmäßig warmen Ort zugedeckt etwa 30 Minuten gehen lassen.

**2.** Die Knoblauchzehen schälen und hacken. Die Paprikaschote waschen, trockentupfen, halbieren, entkernen und in feine Streifen schneiden. Die Champignons putzen, feucht abreiben und in feine Scheiben schneiden.

**3.** Die Zucchini putzen, waschen und trockentupfen. Sie der Länge nach halbieren und in dünne Scheiben schneiden. Die Peperoni in einem Sieb abtropfen lassen. Die Tomaten zerkleinern und wieder in den Saft geben.

**4.** Den Vorteig zusammen mit dem Mehl, etwa 50 ml lauwarmem Wasser, Öl und Salz zu einem geschmeidigen Teig verkneten. Den Teig zu einer Kugel formen, mit Mehl

bestäuben und an einem warmen Ort etwa 30 Minuten gehen lassen.

**5.** Den Backofen auf 220 °C vorheizen und 2 Backbleche mit Olivenöl einfetten. Den Hefeteig in 4 Stücke teilen. Diese zu 4 runden Pizzaböden mit etwa 20 cm Durchmesser dünn auswellen. Die Teigränder etwas hochziehen und die Pizzaböden vorsichtig auf die Bleche heben.

**6.** Die Tomaten zusammen mit dem Tomatensaft gleichmäßig auf den Pizzaböden verstreichen. Das Ganze mit Salz, Pfeffer und der Kräutermischung würzen. Darauf die Knoblauchstücke, die Champignon- und die Zucchinischeiben sowie die Paprika- und Peperonistreifen verteilen. Die Pizzabeläge nochmals salzen und pfeffern. Zum Schluß den Käse darüberstreuen und die Pizzen mit etwas Olivenöl beträufeln.

**7.** Die Pizzen auf der mittleren Einschubleiste in 25 bis 30 Minuten knusprig backen. Die beiden Bleche nacheinander abbacken.

# Chili mit Tofu

- *Für 4 Personen*
- *Zubereitung: ca. 1 Std.*
- *ca. 390 kcal*
- *Dazu paßt Nußbrot*

## ZUTATEN

**500 g Tomaten**
**1 große Karotte**
**100 g Sellerie**
**1/2 Stange Lauch**
**1 Zwiebel**
**4 Knoblauchzehen**
**2 kleine, rote Chilischoten**
**250 g Tofu**
**8 EL Sojaöl**
**1 EL Tomatenmark**
**1/8 l Gemüsebrühe**
**ca. 500 g rote Kidney-
    bohnen (aus der Dose)**
**Salz**
**schwarzer Pfeffer**
**1 Msp. Chilipulver**

**1.** Die Tomaten über Kreuz einritzen, etwa 15 Sekunden überbrühen, abschrecken und enthäuten. Sie von den Stielansätzen befreien und etwa 1 cm groß würfeln.

**2.** Die Karotte und den Sellerie schälen, waschen, trockentupfen und fein würfeln. Den Lauch waschen, trockentupfen und ebenfalls würfeln.

**3.** Die Zwiebel und die Knoblauchzehen schälen und fein hacken. Die Chilischoten waschen, trockentupfen, der Länge nach halbieren, entkernen und fein würfeln. Den Tofu in etwa 1/2 cm große Würfel schneiden.

**4.** 4 Eßlöffel Sojaöl in einem großen Topf erhitzen und die Tofuwürfel darin etwa 4 Minuten von jeder Seite braten. Sie dann herausnehmen und auf Küchenkrepp abtropfen lassen.

**5.** Das restliche Sojaöl in den Bratensatz gießen und darin die Karotten-, Sellerie- und Lauchwürfel sowie die Zwiebel-, Knoblauch- und Chilischotenstücke andünsten. Das Tomatenmark hinzufügen. Alles unter ständigem Rühren braten.

**6.** Das Gemüse mit der Brühe ablöschen und die Bohnen zusammen mit dem Saft sowie den Tomatenstücken einrühren. Mit Salz, Pfeffer und dem Chilipulver würzen und bei geringer Hitze etwa 15 Minuten offen köcheln lassen.

**7.** Die Tofuwürfel vorsichtig unter das Ganze mischen und nochmals abschmecken.

### SCHARFE TIPS

- *Chili wird noch würziger, wenn Sie dafür Chiligewürz, verwenden, eine fertige Gewürzmischung u. a. aus Knoblauchpulver, Oregano und Chilis bestehend. Achten Sie unbedingt darauf, daß die Mischung keine Geschmacksverstärker und Glutamat enthält, sondern nur aus Würzzutaten besteht.*
- *Wenn Sie es sehr eilig haben, können Sie den Tofu in etwa erbsengroße Stücke zerkleinern und ihn erst kurz vor dem Servieren unter das Chiligericht heben. Der Tofu schmeckt angebraten jedoch interessanter.*
- *Verfeinern Sie das Gericht mit frischen, gehackten Kräutern.*

# Gemüsefrittis und Tofubällchen

## für Gäste

- *Für 4 Personen*
- *Zubereitung: ca. 1 Std.*
- *ca. 910 kcal*
- *Dazu passen feurige selbstgemachte oder fertige Saucen und Dips*

## ZUTATEN

**250 g Zucchini**
**250 g Brokkoli**
**250 g Champignons**
**250 g Karotten**
**600 g gekräuterter Tofu**
**150 g Speisestärke**
**1 TL Zitronensaft**
**1 Msp. Cayennepfeffer**
**1 Ei**
**1 TL gemahlenes Chiligewürz**
**Salz**
**150 g Mehl**
**1 l Pflanzenöl oder**
  **1 kg Fritierfett**

**1.** Das Gemüse putzen, waschen und trockentupfen. Die Zucchini quer in Scheiben schneiden. Den Brokkoli in kleine Röschen zerteilen.

**2.** Die Champignons je nach Größe halbieren. Die Karotten schälen und quer in dünne Scheiben schneiden. Den Tofu in 6 bis 8 Teile schneiden und für 1 Minute in kochendes Wasser legen. Die Tofustücke mit einem Schaumlöffel herausnehmen und mit Küchenkrepp abtupfen.

**3.** Den Tofu kleinschneiden und zusammen mit 5 Eßlöffel Speisestärke, dem Zitronensaft und dem Cayennepfeffer in eine Schüssel geben. Das Ganze miteinander zu einem Teig verkneten. Daraus mit angefeuchteten Händen kleine Bällchen formen. Die Tofubällchen in etwa 5 Eßlöffel Speisestärke wenden.

**4.** Das Ei zusammen mit 250 ml eiskaltem Wasser, dem Chiligewürz und 1 Prise Salz in eine Schüssel geben und alles mit dem Quirlhaken eines elektrischen Handrührgeräts aufschlagen. Das Mehl und die restliche Speisestärke rasch unterrühren.

**5.** Das Öl oder Fritierfett auf 180 °C erhitzen. Das vorbereitete Gemüse und die Tofubällchen portionsweise durch den Teig ziehen und in dem heiß siedenden Fett in 3 bis 5 Minuten goldgelb backen.

### CHILIGEWÜRZ

*Diese gemahlene Gewürzmischung besteht meistens aus Kümmel, Oregano, Majoran, Cayennepfeffer und Paprikapulver – die jeweiligen Zutaten können Sie auf der Packung nachlesen. Vermeiden Sie jedoch besser Chiligewürz, das Kochsalz oder Geschmacksverstärker wie etwa Natriumglutamat enthält. Zum einen sollte die tägliche Salzzufuhr durch „versteckte Salze" nicht erhöht werden, zum anderen reagieren viele Menschen auf Glutamat überempfindlich.*

# Spaghetti arrabbiata

- *Für 4 Personen*
- *Zubereitung: ca. 45 Min.*
- *ca. 620 kcal*

## ZUTATEN

**1 Zwiebel**

**3 Knoblauchzehen**

**2 kleine, rote Chilischoten**

**2 EL Butter**

**400 g geschälte Tomaten
(aus der Dose)**

**Salz**

**schwarzer Pfeffer**

**500 g Spaghetti**

**1 EL kaltgepreßtes Olivenöl**

**100 g frisch geriebener
Pecorino**

**1.** Zwiebel und Knoblauch schälen und fein würfeln. Die Chilischoten waschen, trockentupfen, der Länge nach halbieren, entkernen und fein würfeln.

**2.** Die Butter in einem Topf heiß schäumend erhitzen. Zwiebel-, Knoblauch- und Chilischotenwürfel dazugeben und sie darin unter ständigem Rühren anbraten.

**3.** Die Tomaten abtropfen lassen, etwas zerkleinern und zur Zwiebelmischung geben. Das Ganze gut miteinander verrühren und aufkochen lassen. Die Hitze reduzieren. Die Sauce etwa 10 Minuten köcheln lassen, salzen und pfeffern.

**4.** Inzwischen die Spaghetti in reichlich kochendem Salzwasser nach Packungsanleitung in etwa 10 Minuten bißfest garen. Sie in einem Sieb abtropfen lassen und mit dem Öl vermengen. Die Nudeln in einer Schüssel locker mit der Sauce vermengen, auf 4 Teller verteilen und mit dem Pecorino bestreuen.

*(auf dem Foto)*

### SCHARFER TIP

- *Sie können auch andere Nudelsorten verwenden, so etwa Penne wie im italienischen Originalrezept. Dazu bereitet man die Sauce mit zusätzlich 100 g geräucherten Speckwürfeln zu.*

# Eingelegter Chiliknoblauch

## köstlich-mild

- *Für 1 Schraubglas*
- *Zubereitung: ca. 1 Std. 30 Min.*
- *ca. 960 kcal pro Glas*

### ZUTATEN

**500 g Knoblauchzehen**
**5 kleine, rote Chilischoten**
**1/2 l Weißweinessig**
**20 schwarze Pfefferkörner**
**20 Pimentkörner**
**2 Gewürznelken**
**4 Lorbeerblätter**
**50 g Zucker**

**1.** Die Knoblauchzehen schälen. Die Chilischoten gründlich waschen, trockentupfen und längs etwas aufschlitzen.

**2.** Essig mit 1/4 l kaltem Wasser in einen großen Topf gießen. Pfeffer, Pimentkörner, Gewürznelken, Lorbeerblätter sowie Zucker hinzufügen. Miteinander verrühren und aufkochen.

**3.** Den Knoblauch und die Chilischoten in die kochende Würzflüssigkeit geben und

alles etwa 5 Minuten offen köcheln lassen. Dann den Topf vom Herd nehmen.

**4.** Das Ganze etwa 1 Stunde abkühlen lassen, in ein Schraubglas geben, gut verschließen und bei Zimmertemperatur bis zu 6 Wochen aufbewahren.

*(auf dem Foto: unten)*

# Zwiebel-Chili-Sauce

## pikant scharf

- *Für 4 Personen*
- *Zubereitung: ca. 30 Min.*
  *(plus ca. 30 Min. Ruhezeit)*
- *ca. 270 kcal*
- *Paßt zu Rindersteak*

### ZUTATEN

**500 g Zwiebeln**
**Saft von 3 Zitronen, Salz**
**4 kleine, rote Chilischoten**
**6 EL kaltgepreßtes Olivenöl**
**1/8 l trockener Weißwein**
**schwarzer Pfeffer**
**50 g Mangochutney (Rezept**
  **S. 90 oder Fertigprodukt)**

**1.** Die Zwiebeln schälen und in feine Ringe schneiden. Diese zusammen mit dem Zitronensaft und etwas Salz vermengen und etwa 30 Minuten ziehen lassen.

**2.** Die Chilischoten waschen, trockentupfen, längs halbieren, entkernen und fein würfeln. Die Zwiebelringe in einem Sieb abtropfen lassen.

**3.** Das Öl in einem Topf erhitzen. Die Chilischoten und die Zwiebelringe dazugeben und sie unter mehrmaligem Rühren etwa 20 Minuten im hei-

ßen Öl dünsten. Den Wein nach und nach angießen und das Ganze mit Pfeffer würzen. Das Mangochutney einrühren. Die Sauce nochmals mit Salz und Pfeffer abschmecken, vom Herd nehmen und entweder lauwarm oder gut gekühlt servieren.

*(auf dem Foto: oben und Mitte)*

### SCHARFER TIP

- *Anstelle von Mangochutney können Sie 50 g süßliche Chilisauce oder Pflaumensauce verwenden.*

# Erdnußsauce aus Dallas

- *Für 4 Personen*
- *Zubereitung: ca. 1 Std.*
- *ca. 670 kcal*
- *Paßt zu gegrillten Fleisch- oder Gemüsespießen*

## ZUTATEN

**150 g ungesalzene Erd- nußkerne**

**2 kleine, rote Chilischoten**

**2 kleine, grüne Chilischoten**

**1 grüne Paprikaschote**

**1 Zwiebel**

**4 Knoblauchzehen**

**4 EL Erdnußöl**

**2 EL Whisky (z. B. Jack Daniels)**

**$1/8$ l Hühnerbrühe**

**100 g Erdnußcreme**

**200 g süße Sahne**

**Salz**

**schwarzer Pfeffer**

**1.** Die Erdnußkerne schälen und grob hacken. Sie ohne Fettzugabe in einer Pfanne etwa 4 Minuten rösten, bis sie duften. Dabei die Pfanne mehrmals rütteln.

**2.** Die Chilischoten und die Paprikaschote waschen und trockentupfen. Die Chilischo- ten längs halbieren, entker- nen und fein würfeln. Die Pa- prikaschote vierteln, entker- nen und ebenfalls fein wür- feln. Zwiebel und Knoblauch schälen und in sehr kleine Würfel schneiden.

**3.** Das Erdnußöl in einem Topf erhitzen. Die Chili- und die Paprikaschotenwürfel sowie die Zwiebel- und die Knoblauchwürfel hineinstreu- en und sie unter ständigem Rühren im heißen Öl glasig andünsten.

**4.** Das Ganze mit dem Whis- ky ablöschen. Die Hühner- brühe angießen, dann die Erdnußcreme und die Sahne dazugeben. Das Ganze zu einer Creme verrühren und mit Salz und Pfeffer kräftig würzen. Zuletzt die Erdnüsse einrühren und die Sauce nochmals abschmecken.

*(auf dem Foto: links)*

## SCHARFE TIPS

- *Ungesalzene Erdnüsse können Sie in Asienläden oder in gut sortierten Lebensmittelabteilun- gen von Kaufhäusern kaufen. Meistens sind die Erdnüsse noch nicht geschält – das Puhlen kann also einige Zeit in An- spruch nehmen.*
- *Streuen Sie über die Erdnuß- sauce frisches Koriandergrün.*

## WHISKY

*Das Wort „Whisky" stammt aus dem Gälischen und ist gleichbedeutend mit Lebens- wasser. Whisky ist weltweit der bedeutendste Getreide- brand und kommt ursprüng- lich aus Schottland und Irland. Früher wurde er nur aus Gerste und Hafer her- gestellt, heute nimmt man auch andere Getreidearten wie Weizen, Mais (Bourbon Whisky) oder Roggen (Rye Whisky).*

# Mais-Zucchini-Chutney

**aus England**

- *Für 6 bis 8 Personen*
- *Zubereitung: ca. 45 Min.*
- *ca. 190 kcal*

## ZUTATEN

**250 g Zucchini**

**1 Zwiebel**

**2 Knoblauchzehen**

**2 kleine, rote Chilischoten**

**250 g Maiskörner aus der Dose**

**4 EL kaltgepreßtes Olivenöl**

**1 EL Dijonsenf**

**$1/2$ TL Currypulver**

**150 g Rohrzucker**

**100 ml Weißweinessig**

**Salz**

**schwarzer Pfeffer**

**1.** Die Zucchini putzen, waschen, trockentupfen, längs vierteln und in Scheiben schneiden. Die Zwiebel und die Knoblauchzehen schälen und fein würfeln. Die Chilischoten waschen, trockentupfen, längs halbieren, entkernen und fein würfeln. Die Maiskörner in einem Sieb abtropfen lassen.

**2.** Das Olivenöl in einem Topf erhitzen. Die Zwiebel-, Knoblauch- und Chilischotenwürfel unter ständigem Rühren darin andünsten. Nach etwa 1 Minute die Zucchinischeiben und die Maiskörner hinzufügen.

**3.** Den Senf, das Currypulver und den Zucker zum Gemüse geben und alles miteinander verrühren. Sobald sich der Zucker aufgelöst hat, den Essig angießen. Das Ganze mit Salz und Pfeffer abschmecken und unter häufigem Rühren etwa 15 Minuten offen köcheln lassen.

*(auf dem Foto: rechts)*

### SCHARFER TIP

- *Sie können das Chutney mit Cayennepfeffer und Chilipulver „verschärfen".*

# Tomatenbutter

■ *Für 4 Personen*

■ *Zubereitung: ca. 15 Min*
  *(plus ca. 1 Std. Kühlzeit)*

■ *ca. 190 kcal*

## ZUTATEN

**1 Knoblauchzehe**

**1 kleine, rote Chilischote**

**100 g zimmerwarme Butter**

**1 EL Tomatenmark**

**Salz, schwarzer Pfeffer**

**1 EL gehackter Oregano**

**1.** Knoblauch schälen, fein würfeln. Chilischote waschen, trockentupfen, längs halbieren, entkernen und würfeln.

**2.** Die Butter in einer Schüssel mit Knoblauch, Chilischote und Tomatenmark gründlich verrühren, mit Salz und Pfeffer würzen, zuletzt den Oregano hineinrühren. Das Ganze für etwa 1 Stunde in den Kühlschrank stellen.

*(auf dem Foto: oben)*

### SCHARFE TIPS

■ *Füllen Sie die Tomatenbutter in einen Spritzbeutel und spritzen Sie in Papiertüllen Butterrosetten. Je nach Bedarf können Sie diese in den Tiefkühlschrank geben oder nach 1 Stunde Kühlzeit gleich verspeisen.*

■ *Verfeinern Sie die Tomatenbutter mit 1 Eßlöffel frisch geschnittenem Basilikum oder getrockneter italienischer Kräutermischung.*

# Hausgemachtes Ketchup

■ *Für 4 Personen*

■ *Zubereitung: ca. 30 Min.*
  *(plus ca. 1 Std. Kühlzeit)*

■ *ca. 100 kcal*

■ *Paßt zu Hamburgern*

## ZUTATEN

**500 g Tomaten**

**2 kleine, rote Chilischoten**

**2 EL kaltgepreßtes Olivenöl**

**2 EL Balsamicoessig**

**3 EL Zucker**

**Salz**

**schwarzer Pfeffer**

**1.** Die Tomaten putzen, waschen, trockentupfen und kleinschneiden. Die Chilischoten waschen, trockentupfen, längs halbieren, entkernen und fein würfeln.

**2.** Das Öl in einem Topf erhitzen. Die Tomaten- und Chilischotenstücke dazugeben und unter Rühren andünsten. Essig und Zucker dazugeben und alles gut miteinander verrühren. Den Tomatenbrei etwa 15 Minuten offen einkochen lassen. Ihn dabei häufig umrühren und mit Salz und Pfeffer abschmecken.

**3.** Den eingedickten Brei durch ein Sieb streichen, in eine Flasche oder Sauciere abfüllen und mit Klarsichtfolie abdecken. Das Ketchup mindestens 1 Stunde im Kühlschrank kalt stellen.

*(auf dem Foto: unten)*

### SCHARFE TIPS

■ *Luftdicht verschlossen können Sie das Ketchup bis zu 1 Woche im Kühlschrank aufbewahren.*

■ *„Verschärfen" Sie das Ketchup mit Tabascosauce, Cayennepfeffer oder Chilipulver.*

# Feurige Frühlingszwiebeln

**aus Ägypten**

- *Für 4 Personen*
- *Zubereitung: ca. 1 Std.*
- *ca. 310 kcal*

## ZUTATEN

**2 Bund Frühlingzwiebeln**
**2 kleine, grüne Chilischoten**
**2 Knoblauchzehen**
**6 EL Pflanzenöl**
**Salz**
**schwarzer Pfeffer**
**2 EL Zitronensaft**
**2 EL Zucker**

**1 Msp. Cayennepfeffer**
**3 EL gehackte Petersilie**
**2 EL Mandelblättchen**

**1.** Zwiebeln putzen, waschen, trockentupfen und würfeln. Chilischoten waschen, trockentupfen, längs halbieren, entkernen und fein würfeln. Knoblauch schälen und in Scheiben schneiden.

**2.** Das Öl erhitzen. Frühlingszwiebeln, Knoblauch und Chilischoten dazugeben und unter Rühren etwa 5 Minuten darin andünsten.

**3.** Das Ganze mit Salz, Pfeffer, Zitronensaft, Zucker und Cayennepfeffer abschmekken. Einige Eßlöffel Wasser dazugeben und die Zwiebeln etwa 10 Minuten offen weiter köcheln. Die Zwiebeln noch warm oder gekühlt servieren, zuvor die Petersilie und die Mandelblättchen unterheben.

*(auf dem Foto)*

# Guacamole

**aus Mexiko**

- *Für 4 Personen*
- *Zubereitung: ca. 30 Min.*
- *ca. 420 kcal*
- *Dazu passen Tacochips*

## ZUTATEN

**1 kleine Zwiebel**
**2 kleine, rote Chilischoten**
**2 kleine Tomaten**
**3 reife Avocados**
**Saft von 1 Limette oder Zitrone**
**50 g saure Sahne**
**Salz, schwarzer Pfeffer**
**1 EL gehacktes Koriandergrün**

**1.** Die Zwiebel schälen und fein würfeln. Die Chilischoten waschen, trockentupfen, längs halbieren, entkernen und fein würfeln. Die Tomaten über Kreuz einritzen, kurz überbrühen, abschrecken und enthäuten. Sie von den Stielansätzen befreien, entkernen und fein würfeln.

**2.** Die Avocados schälen, längs halbieren, vom Kern befreien. Das Fruchtfleisch zerschneiden. Es zusammen mit Limetten- oder Zitronensaft und saurer Sahne in einem Mixer oder mit dem Pürierstab eines Handrührgeräts mittelfein pürieren.

**3.** Das Avocadomus, die Chilischoten sowie die Zwiebel- und Tomatenwürfel gut miteinander vermengen. Das Ganze salzen, pfeffern und vor dem Servieren mit dem Koriandergrün garnieren.

### SCHARFER TIP

- *Wenn Sie Original-Guacamole zubereiten wollen, lassen Sie die saure Sahne weg.*

# Zigeunersauce

**aus Osteuropa**

- *Für 4 Personen*
- *Zubereitung: ca. 45 Min.*
- *ca. 270 kcal*

## ZUTATEN

**2 grüne Paprikaschoten**

**2 kleine, grüne Chilischoten**

**2 große Zwiebeln**

**6 EL Pflanzenöl**

**$1/2$ TL edelsüßes Paprika-
pulver**

**2 EL Tomatenmark**

**$1/4$ l Rotwein**

**$1/8$ l Bratensauce
(Fertigprodukt)**

**Salz**

**schwarzer Pfeffer**

**1.** Die Paprikaschoten und die Chilischoten waschen und trockentupfen. Die Chilischoten längs halbieren, entkernen und fein würfeln, die Paprikaschoten vierteln, entkernen und in dünne Streifen schneiden. Die Zwiebeln schälen und in feine Ringe schneiden.

**2.** Das Öl in einem Topf erhitzen und die Zwiebelringe im heißen Öl etwa 5 Minuten andünsten.

**3.** Die Chilischotenwürfel und die Paprikastreifen zu den Zwiebelringen geben und sie unter ständigem Rühren braten. Das Ganze mit Paprikapulver bestäuben und mit Tomatenmark kräftig anrösten.

**4.** Den Rotwein innerhalb von 5 Minuten nach und nach an das Gemüse gießen. Das Gemüse mit der Bratensauce auffüllen. Das Ganze mit Salz und Pfeffer würzen und bei geringer Hitze weitere 5 Minuten offen köcheln lassen.

*(auf dem Foto)*

### SCHARFE TIPS

- *Servieren Sie die Zigeunersauce zu gemischtem Fleischgrill oder überziehen Sie damit Schweine,- Kalbs- oder Rinderbraten.*
- *Scheuen Sie sich nicht, die Sauce mit einigen Eßlöffel Zigeuner- oder Chiliketchup abzuschmecken.*
- *Sollte Ihnen die Zigeunersauce zu scharf oder zu rustikal sein, so verfeinern Sie sie einfach mit etwas Crème fraîche oder 100 g süßer Sahne.*

### TOMATENMARK

*Tomatenmark ist das pürierte, fein passierte und eingedickte Fruchtfleisch voll ausgereifter Freilandtomaten, dem je nach Marke zwischen 0,8 und 2 % Salz zugesetzt werden.*
*Im Handel ist es in unterschiedlichen Konzentrationen (z. B. doppelt oder dreifach konzentriert) erhältlich, die einen jeweils intensiveren Geschmack aufweisen.*

# Rote Currypaste

- *Für 1 Glas*
- *Zubereitung: ca. 30 Min.*
- *ca. 470 kcal pro Glas*
- *zum Weiterverarbeiten*

## ZUTATEN

**10 kleine, rote Chilischoten**
**2 Stiele Zitronengras**
**2 Zwiebeln**
**6 Knoblauchzehen**
**je ¹/₂ TL Nelkenpulver,
gemahlener Kreuzkümmel
und Kardamom**
**1 EL Laospulver (Fertigpro-
dukt)**
**1 TL gemahlene Muskat-
blüte (Macis)**
**1 EL gemahlener Koriander**
**1 TL Zimtpulver**

**1 TL Shrimpspaste
(Fertigprodukt)**
**3 EL Erdnußöl**

**1.** Die Chilischoten waschen, trockentupfen, längs halbieren, nicht entkernen und fein würfeln. Das Zitronengras waschen, trockentupfen und kleinschneiden. Die Zwiebeln und die Knoblauchzehen schälen und hacken.

**2.** Sämtliche Zutaten in einem Mixer oder mit dem Pürierstab eines Handrührgeräts zu einer sämigen Paste pürieren, in ein Glas füllen und dieses verschließen. Die Currypaste ist im Kühlschrank einige Wochen haltbar.

## SCHARFE TIPS

- *Sie können die Currypaste nur zum Weiterverarbeiten für andere Gerichte verwenden. Rösten Sie dazu 1 Teelöffel Paste in Öl an und verarbeiten Sie sie zu Currygerichten.*
- *Wenn Sie die Currypaste nicht ganz so scharf zubereiten möchten, entfernen Sie nach Belieben die besonders scharfen Kerne der Chilischoten.*
- *Laospulver wird aus der großen Galgantwurzel gewonnen. Sie erhalten es in gut sortierten Asienläden. Gegebenenfalls lassen Sie es einfach weg.*

# Balinesische Würzpaste

- *Für 1 Glas*
- *Zubereitung: ca. 1 Std.*
- *ca. 350 kcal pro Glas*

## Z U T A T E N

**5 Schalotten**
**3 Knoblauchzehen**
**3 cm frische Ingwerwurzel**
**3 frische, rote Pfeffer-**
**schoten**
**3 kleine, rote Chilischoten**
**1 TL Koriandersamen**

**1 TL schwarze Pfeffer-**
**körner**
**1 EL brauner Zucker**
**2 EL Erdnußöl**

**1.** Schalotten, Knoblauch und Ingwer schälen und fein hacken. Pfeffer- und Chili-schoten waschen, trocken-tupfen, längs halbieren, ent-kernen und fein würfeln. Das Ganze zusammen mit Korian-dersamen, Pfefferkörnern und Zucker in einem Mixgerät oder mit dem Pürierstab eines Handrührgeräts fein pürieren.

**2.** Das Öl in einer Pfanne er-hitzen, darin das Püree etwa 5 Minuten anrösten.

**3.** Die Paste in ein Schraub-glas füllen. Sie abkühlen las-sen und verschließen. Die Paste im Kühlschrank aufbe-wahren und innerhalb von 1 bis 2 Wochen aufbrauchen.

# Mandeldip

- *Für 4 Personen*
- *Zubereitung: ca. 45 Min.*
  *(plus ca. 1 Std. Kühlzeit)*
- *ca. 290 kcal*

## Z U T A T E N

**3 Knoblauchzehen**
**1 lange, grüne Pfefferschote**
**1 Scheibe Weißbrot ohne**
  **Rinde, 1 EL Butter**
**100 g gemahlene Mandeln**
**1/2 TL edelsüßes Paprika-**
  **pulver, rosenscharfes**
  **Paprikapulver**
**5 EL Öl, 2 EL Weißweinessig**
**Salz, schwarzer Pfeffer**

**1.** Den Knoblauch schälen und grob zerschneiden. Die Pfefferschote waschen, trockentupfen, längs halbie-ren, entkernen und fein wür-feln. Das Weißbrot ebenfalls fein würfeln. Die Butter erhit-zen und die Brotwürfel darin knusprig braten. Die Mandeln in einer ungefetteten Pfanne unter Rütteln einige Minuten anrösten.

**2.** Alles zusammen mit edel-süßem und 1 Prise rosen-scharfem Paprikapulver in einem Mixgerät oder mit dem Pürierstab eines Hand-rührgeräts zuerst grob, dann zusammen mit Öl, Essig, Salz und Pfeffer fein pürieren. Den Dip mit Klarsichtfolie abdecken und mindestens 1 Stunde kalt stellen.

*(auf dem Foto)*

### SCHARFER TIP

- *Servieren Sie den Mandeldip zu Fondues, bei Grillabenden oder einfach mit viel Weißbrot zum Tunken und einer Flasche Rotwein.*

# Mangochutney

- *Für 2 Gläser*
- *Zubereitung: ca. 45 Min.*
- *ca. 800 kcal pro Glas*
- *Dazu passen Geflügelgerichte*

## ZUTATEN

**500 g reife Mangos**

**4 cm frische Ingwerwurzel**

**5 Knoblauchzehen**

**4 große, getrocknete Chilischoten**

**2 EL Pflanzenöl**

**1 TL Garam Masala (indische Gewürzmischung)**

**200 g brauner Zucker**

**100 ml Weißweinessig**

**Salz**

**schwarzer Pfeffer**

**100 g Rosinen**

**1.** Die Mangos schälen. Das Fruchtfleisch vom Kern abschneiden und in kleine Würfel schneiden. Die Ingwerwurzel und die Knoblauchzehen schälen und hacken. Die Chilischoten grob zerkleinern.

**2.** Das Öl in einem Topf erhitzen. Die Ingwer- zusammen mit den Knoblauchstücken in das heiße Öl geben und sie darin glasig anschwitzen.

**3.** Garam Masala dazugeben und alles unter ständigem Rühren anrösten. Zucker hinzufügen und diesen unter Rühren auflösen. Das Ganze mit dem Essig aufgießen und die Mango- sowie die Chilischotenstücke einrühren.

**4.** Das Chutney mit Salz und Pfeffer würzen und es bei mittlerer Hitze etwa 15 Minuten offen köcheln lassen. Es dabei immer wieder umrühren und zwischendurch die Rosinen dazugeben.

**5.** Sobald es eine dickliche Konsistenz aufweist, das Chutney vom Herd nehmen und abkühlen lassen. Es in sterile Gläser füllen und diese luftdicht verschließen.

*(auf dem Foto: rechts)*

## SCHARFE TIPS

- *Servieren Sie das Mangochutney zu Gerichten aus dem Wok oder vom Grill.*
- *Anstelle von weißem Essig können Sie auch dieselbe Menge Malzessig verwenden. Das Mangochutney wird dadurch noch etwas süßer.*
- *Verwenden Sie das Mangochutney zum Verfeinern von asiatischen Gerichten.*

## GARAM MASALA

*In Indien heißen unterschiedliche Mischungen von gerösteten und gemahlenen Gewürzen „Masala". Garam Masala ist eine fein gemahlene Gewürzmischung, die wie Currypulver nach verschiedensten Rezepturen hergestellt wird. Die wichtigsten Gewürze für Garam Masala sind Koriander, Kreuzkümmelsamen, Pfefferkörner, Nelken, Muskatnuß, Piment, Ingwer, Zimt und Kardamom, die je nach Version in verschiedenen Anteilen zusammen mit weiteren Gewürzen vermischt werden.*

# Knoblauch-Chili-Sauce

- Für 4 Personen
- Zubereitung: ca. 30 Min.
  (plus ca. 1 Std. Kühlzeit)
- ca. 40 kcal
- Paßt zu allen Reisgerichten

## ZUTATEN

**4 Knoblauchzehen**

**Salz**

**2 kleine, rote Chilischoten**

**2 EL brauner Zucker**

**4 EL Essig**

**1.** Die Knoblauchzehen schälen und sie zusammen mit dem Salz in einem Mörser zerreiben. Die Chilischoten waschen, trockentupfen, der Länge nach halbieren, entkernen und fein würfeln.

**2.** Den Knoblauch und die Chilischoten zusammen mit dem Zucker und dem Essig in einem Mixer oder mit dem Pürierstab eines Handrührgeräts schaumig aufschlagen.

**3.** Die Sauce mit Klarsichtfolie abdecken und mindestens 1 Stunde im Kühlschrank kalt stellen. Sie in Portionsschälchen zum Essen servieren.

*(auf dem Foto: links)*

**SCHARFE TIPS**

- *„Verschärfen"* Sie die Sauce mit einigen zusätzlich eingerührten Chiliringen.
- *Stellen Sie die Sauce, die in Thailand zu fast allen Gerichten serviert wird, noch besser einige Stunden im Kühlschrank kalt. So zieht sie besser durch.*

# Sambal Ulek

**aus Indonesien**

- *Für 1 Glas*
- *Zubereitung: ca. 30 Min.*
- *ca. 80 kcal pro Glas*
- *Zum Weiterverarbeiten*

### ZUTATEN

**20 kleine, rote Chilischoten**
**1 EL Salz**
**5 EL Essig**

**1.** Die Chilischoten waschen, trockentupfen, von den Stielenden befreien.

**2.** Sie zusammen mit dem Salz in einem Mixgerät oder mit dem Pürierstab eines Handrührgeräts fein pürieren. Den Essig langsam eingießen, so daß eine streichfähige Paste entsteht. Diese in ein Glas füllen, verschließen und im Kühlschrank aufbewahren.

*(auf dem Foto: unten)*

**SCHARFER TIP**
- *In asiatischen Restaurants sind am Tisch meistens Sojasauce und ein Töpfchen mit sehr scharfer Paste bereit gestellt. Diese Pasten sind nicht nur höllisch-scharf, sondern schmecken auch sehr unterschiedlich. Das hängt damit zusammen, daß es unzählige Varianten von Sambals gibt, die mit Gewürzen, Nüssen, Früchten, verschiedenen Gemüsesorten zubereitet wurden.*

# Gurken in Chilijoghurt

**aus Kashmir**

- *Für 4 Personen*
- *Zubereitung: ca. 30 Min. (plus ca. 30 Min. Kühlzeit)*
- *ca. 200 kcal*
- *Dazu passen Chapatis*

### ZUTATEN

**2 Salatgurken**
**2 kleine, grüne Chilischoten**
**50 g ungesüßte Kokosraspeln**
**400 g Joghurt (3,5 % Fett)**
**Salz, schwarzer Pfeffer**
**1 EL Öl**
**1/2 TL Kreuzkümmel**
**1 TL schwarze Senfsamen**

**1.** Die Salatgurken waschen, schälen, längs aufschneiden, entkernen und grob raffeln. Die Chilischoten waschen, trockentupfen, längs halbieren, entkernen und in kleine Würfel schneiden. Die Kokosraspeln zusammen mit 5 Eßlöffel heißem Wasser verrühren.

**2.** Den Joghurt zusammen mit Chilischoten, Gurkenstücken und Kokosraspeln gründlich verrühren. Das Ganze mit Salz und Pfeffer abschmecken und etwa 30 Minuten kalt stellen.

**3.** Kurz vor dem Servieren das Öl in einer Pfanne erhitzen und darin den Kreuzkümmel und die Senfsamen rösten. Das Ganze unter den Gurken-Chili-Joghurt rühren, auf 4 Teller verteilen und auf den Tisch bereit stellen.

*(auf dem Foto: oben)*

**SCHARFER TIP**
- *Sie können bei diesem Rezept nach Belieben die Gemüsezutaten variieren. Geeignet sind Zucchini, Auberginen, Möhren oder Frühlingszwiebeln.*

# Rezeptverzeichnis

Im FALKEN Verlag sind viele attraktive Titel zum Thema „Essen und Trinken" erschienen. Sie erhalten sie überall, wo es Bücher gibt.

Dieses Buch wurde auf chlorfrei gebleichtem und säurefreiem Papier gedruckt.

ISBN 3 8068 1994 7

© 1998 by FALKEN Verlag, 65527 Niedernhausen/Ts.
Die Verwertung der Texte und Bilder, auch auszugsweise, ist ohne Zustimmung des Verlags urheberrechtswidrig und strafbar. Dies gilt auch für Vervielfältigungen, Übersetzungen, Mikroverfilmungen und für die Verarbeitung mit elektronischen Systemen.

**Umschlaggestaltung:** Rincon$^2$,
Design & Produktion GmbH, Köln
**Gestaltung:** Horst Bachmann
**Redaktion:** Marlein Meyer
**Umschlagfoto:** Brigitte Wegner, Düsseldorf
(Rezept „Gefüllte Tortillas", S. 52)
**Rezeptfotos:** Brigitte Wegner, Düsseldorf
**Foodstyling:** Ursula Stiller, Bielefeld
**Weitere Fotos im Innenteil: TLC-Foto-Studio GmbH,**
Velen-Ramsdorf: S.5; **FALKEN Archiv: W. Feiler:** S. 36, 58 /
**R. Schmitz:** S. 32 / **TLC :** S. 3, 18, 54 / **M. Wissing:** S. 7
**Produktion:** Dr. Reitter & Partner GmbH, Vaterstetten
**Satz:** Dr. Reitter & Partner GmbH, Vaterstetten
**Gesamtkonzeption:** FALKEN Verlag, D-65527 Niedern-
hausen/Ts.

817 2635 4453 6271

# Rezepte! Rezepte!! Rezepte!!!

**Krabben, Garnelen & Co.**
Herausgeberin: Beatrix Adolphi
ISBN: 3-8068-**1937**-8

**Pastinaken, Kürbis & Co.**
Autorin: Beatrice Aepli
ISBN: 3-8068-**1944**-0

**Feta, Mozzarella & Co.**
Herausgeberin: Sabine Kieslich
ISBN: 3-8068-**1939**-4

**American Cookies**
Autorin: Karlene T. Stecher
ISBN: 3-8068-**1940**-8

Alle Bände durchgehend vierfarbig, 96 Seiten, ca. 60 Farbfotos,
kartoniert, **DM 16,90.**

Der Spezialist für nützliche Bücher